잘되는 사람의 말

잘되는 사람의 말

오늘의 말이 내일의 내가 된다

양혜선 지음

> Prologue

말 한마디로
인생을 다시 쓰다

인생은 내가 말하는 대로

처음부터 아나운서가 꿈이었던 것은 아니다. 어려서부터 '말을 참 잘한다.', '말을 정말 예쁘게 한다.'라는 칭찬을 들었을 뿐이었다. 첫 직장이었던 국내 대형 광고회사에서는 '말을 잘 알아듣는 막내'이자 '말을 잘하는 신입'이었다. 다국적 기업에서는 말을 잘해서 중요한 프레젠테이션의 기회가 대부분 나에게 돌아왔고 그 경험들이 커리어로 쌓이면서 부서장 자리까지 오를 수 있었다.

 말을 잘한다는 이유로 아나운서가 잘 어울리겠다는 추천을 받았다. 빼어나게 수려한 외모도, 타고난 목소리가 있었던 것도 아니었다. 주변의 시선도 곱지 않았다. 안정적이고 번듯한 직장을 그만두고 보장되지 않은 길을 택한 나를 어리석다고 생각하는 이들도 있었다.

"지금이 아니면 언제? 한번 해보는 거야!"

1년 이상의 쉼 없는 준비 끝에 KBS 지역방송국 아나운서가 되었다. 현재 한국정책방송원 KTV 앵커로 일하고 있고, TV 프로그램은 물론 굵직한 국가 기념행사 등을 진행하고 있다.

어떤 이는 모두가 꿈꾸는 직장을 어쩌면 그렇게 쉽게 들어가느냐고 했다. 또 어떤 이는 마음 먹은 일을 척척 해내는 비결에 대해 묻기도 했다. 그때마다 나는 '인생은 내가 말하는 대로 이루어진다.'라고 생각했다.

말 한마디의 나비효과

12살부터 외국에서 살았다. 비교적 안정적으로 외국생활에 적응했지만 현지에서 명문으로 불리는 고등학교에 입학하는 것은 크나큰 도전이었다. 한국이 어디에 있는 나라인지도 모르는 친구들 사이에서 나는 유일한 동아시아계 유학생이었다. 가장 힘든 난관은 수업시간마다 진행되는 퀴즈였다. 당시 선생님의 필기체 판서를 알아보기 힘들어 친구의 노트를 빌려보고 있었다. 필기도 제대로 못하는 수준에서 수업내용을 평가받는 일은 불가능에 가까웠다. 매번 빵점을 받는 날이 이어지다 결국 선생님을 찾아갔다. 성적으로 학교에서 방출되기 전에 '말이라도 한번 해보자.' 하는 생각이었다.

"잘할 수 있는 기회를 주세요."

나의 영어 수준으로는 퀴즈를 치를 수 없다고 차근차근 설명했다. 그리고 다음 날 아침 시험을 다시 볼 수 있게 해달라고 용기 내어 말씀드렸다. 선생님께서 거절하신다면 학교를 그만둘 수밖에 없는 상황이었기에 내 입장에서는 최후의 협상이나 다름없었다. 밤새 고민했던 것과는 달리 선생님은 오히려 힘든 상황을 격려하며 나의 다급한 요청을 흔쾌히 받아주셨다.

16살 인생에서 가장 힘든 위기의 순간 나는 말 한마디로 인생을 구했다. 무엇보다 새로운 기회를 얻었다. 용기 있는 말 한마디의 나비효과는 학교생활은 물론 교내 대회와 행사에서 한국을 대표하는 학생으로 나 자신을 성장시켰다.

말 한마디로 당신의 인생을 바꿀 수 있다면
나는 항상 말의 힘을 믿어 왔다. 지치고 힘든 취업 준비 기간에 나를 단단하게 지켜준 것은 한 문장의 말이었다. 필리핀에서 유학생활을 했지만 한국에서의 취업은 쉽지 않았다. 당시 삼성, LG, 포스코, 현대, 기아, 신라호텔 등등 국내 굵직한 대기업은 물론 P&G, 화이자, 마이크로소프트와 같은 외국기업까지 지원할 수 있는 모든 기업의 문을 두드렸다. 바늘구멍 같은 서류전형을 겨우 뚫고도 마지막 면접 문턱에서 미끄러지기 일쑤였다.

'괜찮아, 잘 될 거야.'

당시 면접장에서 듣던 노래이자 마지막까지 되뇌던 말이었다. 첫 합격을 안겨준 제일기획 인턴 면접장에서도 그랬다. 그날의 패기는 지금 생각해도 무모할 정도였다. 면접 의상의 정석이라고 불리는 차분한 옷 대신 하늘색 튀는 색상을 택했다. 필리핀에서 배운 미국식 영어와 다국적 친구들과의 교류 경험, 면접자 중에 유일한 따갈로그어(필리핀어) 능통자임을 어필했다. 훗날 심사를 맡았던 선배의 말에 따르면 자신감 넘치는 말 매너가 심사위원의 마음을 사로잡았다고 한다. 비록 인턴 신분이었지만 긍정적인 대답과 확신에 찬 말투는 분위기 메이커라는 칭찬으로 돌아왔다. 인턴이 마무리되는 시점에는 올림프 프로젝트 팀으로 추천되었고 평가를 통해 '프로'의 직분을 얻었다.

말을 잘하면 인생의 중요한 관문을 통과할 때마다 큰 힘이 된다. 일종의 프리패스가 되는 셈이다. 새로운 직업과 진로로 나를 안내하기도 한다. G20 정상회의 VIP 언론사 통역을 맡았을 당시 나를 지켜본 행사장 관계자는 아나운서를 해보는 게 어떻겠냐고 권하셨다. 말하는 것을 좋아하는 나에게 그저 호의로 건넨 말이었을 것이다. 그러나 그것은 나에게 꿈이자 도전이 되었다.

말이 안겨주는 내일의 행복

나는 철저하게 만들어진 아나운서이다. 아나운서가 되기 위해 전문 교육기관을 찾았을 때 아나운서감이 아니라는 말을 들었다. 콧소리가 심하고, 오랜 외국생활로 발음이 정확하지 않다는 지적도 받았다. 밝은 이미지를 살려 아나운서가 아닌 다른 직무를 선택하는 게 어떻겠냐고 권하기도 했다.

나는 '말'의 힘을 믿는 사람이 아닌가? 설령 아나운서가 되지 못하더라도 말하기를 제대로 배워보고 싶다는 오기가 생겼다. 발성과 발음부터 처음 시작한다는 마음으로 기본기를 익혔다. 전문적인 교육을 받고 훈련이 거듭될수록 목소리가 눈에 띄게 좋아졌다. 매일 연습을 반복하면서 멘토로 삼고 싶은 아나운서의 방송을 모니터링했다. 따라 읽기를 거듭하는 과정에서 내 목소리의 약점을 발견해 수정하고 강점을 찾아냈다. 수백 개의 예상질문을 만들며 면접 연습도 쉬지 않았다. 결국

1년 6개월의 준비 끝에 지상파 아나운서가 되었다.

지금까지 나의 커리어는 어느 것도 단박에 이루어진 것이 없다. 하지만 다양한 기업의 근무 경력과 해외생활은 말이 얼마나 큰 기회를 만들어주는지 깨닫게 해주었다. 아나운서 준비를 하면서 말을 제대로 배우는 과정도 직접 경험했다.

새로운 직장, 중요한 프레젠테이션, 소중한 사람과의 대화……. 말을 잘해야 하는 순간은 우리 인생에서 가장 중요한 시점이다. 말을 잘할수록 많은 기회를 얻을 수 있고, 일, 미래, 삶 또한 풍요로워지기 때문이다.

이 책은 내가 말을 통해 얻은 경험과 훈련의 결과가 빠짐없이 담겨 있다. 말하기 방법과 기술을 넘어 직장에서 사용할 수 있는 말의 태도와 매너도 기록했다. 이 책을 읽는 동안 당신도 말을 잘하는 사람으로 변화하기를 기대한다. 무엇보다 올바른 말을 통해 행복한 내일을 얻게 되길 바란다.

004　　Prologue 말 한마디로 인생을 다시 쓰다

💬 Chapter 1 당신의 말을 바꾸고 싶다면

014　　`Miracle Essay` 마음을 알면 말문이 트인다
017　　01. 말을 잘한다는 것
023　　02. 말은 왜 중요할까?
030　　03. 말이 달라지면 시작되는 변화
037　　04. 나의 말하기 점수는 얼마일까?
044　　`One Point Lesson` 말로 성공한 사람들

💬 Chapter 2 목소리가 좋아지는 발성법

050　　`Miracle Essay` 목소리가 바뀌면 자신감이 생긴다
053　　01. 나만의 목소리를 찾는 발성훈련
058　　02. 복식 호흡이 좋은 목소리를 만든다
070　　03. 정확성을 높이는 스타카토 발성법
079　　04. 긴 호흡으로 말하기
088　　`One Point Lesson 1` 노력으로 목소리를 만든 사람들
092　　`One Point Lesson 2` 내 목소리를 지키는 노하우

Chapter 3 사람이 달라 보이는 발음법

098	Miracle Essay	발목 잡힌 발음의 문턱
101	01.	발음은 나의 얼굴이다
107	02.	발음의 위치 찾기, 자음 발음법
126	03.	발음의 업그레이드, 모음 발음법
141	04.	정확한 발음을 위한 히든카드
154	One Point Lesson 1	인생을 업그레이드하는 발음의 힘
158	One Point Lesson 2	뉴스 리포트를 통한 발음 훈련 방법

Chapter 4 말 잘하는 사람의 말투

164	Miracle Essay	어버버하지만 프로가 되고 싶어서
167	01.	너의 말투가 곧 내가 된다
174	02.	결론부터 말하는 기술
183	03.	기회를 만드는 발표의 기술
196	04.	마음을 움직이는 말투의 비밀
205	One Point Lesson 1	말투를 바꾸는 실생활 훈련
210	One Point Lesson 2	스티브 잡스의 프레젠테이션 말투 배우기

Chapter 5 말에 품격을 높이는 한 끗

216	Miracle Essay	말부터 다른 리더의 품격
219	01.	말 잘하는 사람은 잘 듣는다
225	02.	말의 품격을 높이는 제스처의 힘
231	03.	자신감을 나타내는 반듯한 자세
238	04.	좋은 말이 좋은 사람을 부른다
243	One Point Lesson 1	면접을 소개팅처럼
247	One Point Lesson 2	메라비언의 법칙을 잊지 마세요!

250	Epilogue	말, 결국 하면 된다

Chapter 1

당신의 말을
바꾸고 싶다면

> Miracle Essay

마음을 알면
말문이 트인다

말은 마음에서 시작한다

"어떻게 하면 말을 잘할 수 있어?"
"어떤 목소리가 듣기 좋은 소리야?"
"발성을 잘하려면 어떻게 훈련해?"
"발음이 뭉개지지 않으려면 연필을 물고 연습하면 될까?"

아나운서가 되고 나서 자주 듣는 질문이다. 대부분 말을 잘하는 기술에 대한 궁금증들이다. 물론 말하는 기술이 좋으면 말을 잘하는 사람처럼 보인다. 하지만 정작 말의 재료는 내면, 즉 마음에서 출발한다. '내 마음'을 잘 들여다보고 자신만의 가치관을 가진 사람들이 말을 잘할 수 있다.

흔히 아나운서를 주어진 원고를 읽는 '앵무새'에 비유하기도 한다. 완성된 원고를 외우거나 읽어낸다는 점을 곱지 않게 보는 시선에서 비롯된 것이다. 오독 없이 원고를 전달하는 일은 중요하다. 하지만 확실히 발로 뛰면서 그 상황을 체감하고 전달할 때와는 큰 차이가 있다.

K3S 지역방송국에서 9시 뉴스를 진행할 때였다. 당시 목포에는 기록적인 폭우가 쏟아졌고 강풍이 동반되어 지역주민들의 피해가 심각했다. 배가 전복되고, 김 양식장이 유실되어 하루아침에 삶의 터전이 무너졌다. 이로 인해 일주일 이상 해당 뉴스가 특별보도 되었다. 연일 계속되는 보도 중 가장 피드백이 좋았던 날이 있었다. 피해가 커지는 현장 복구에 엄두를 내지 못하는 지역주민들을 직접 만나본 뒤였다. 기자의 리포트를 통해 멘트를 정리하던 평소와 달리 지역주민들의 한숨과 눈물을 기억하며 어느 때보다 무거운 마음으로 뉴스를 진행했다. 태풍에 휩쓸린 양식장과 선박, 수확을 앞둔 과실, 무너진 농가에 망연자실한 농어민들의 표정이 눈앞에 선했다. 뉴스를 진행하는 동안 내 걱정과 우려가 전하는 말에 녹아들고 있음을 나 역시 느낄 수 있었다. 뉴스를 마치자 제작진들로부터

특보에 강하다는 칭찬을 받았다. 시청자 게시판에는 아나운서 멘트와 표정에서 진심이 느껴진다는 댓글이 달렸다. 말을 전하는 일에 크나큰 사명감을 느낀 날이었다.

내 마음도 모르는데 남과 무슨 말을 할까?

따뜻하고 편안한 말하기의 대명사로 불리는 이금희 아나운서도 말하기의 태도와 기술에서 마음에 주목한다. 33년 방송 경력의 베테랑 아나운서가 전하는 대화와 소통의 기술은 솔직함이다. 솔직함을 무기로 상대의 마음과 입을 열게 하는 것이 중요하다는 것이다. 타인과 마음을 나누기 위해서는 우선 내 마음이 건강해야 한다. 내 마음을 들여다보고 돌보고 다독이는 과정을 거치면 비로소 나다운 말이 나온다.

감정노트와 감사일기를 쓴 지 1년이 다 되어 간다. 매일매일 오늘 하루의 경험, 나의 기분과 생각, 사람들과 나누었던 말과 태도를 되짚어보는 것이다. 처음에는 한 줄을 채우는 게 힘들지만 스스로 하루를 돌아보고 나의 감정을 표현하는 게 습관이 되면서 한 페이지를 채우는 것이 어렵지 않게 되었다. 감동 호르몬으로 알려진 다이돌핀(didorphin)이 혈관을 타고 도는 전율을 느끼는 날도 있다. 내 마음에 연고를 바르고 밴드를 붙여주는 일상의 치유. 그것이 말이 되어 나올 때 삶이 변하는 기적이 시작된다.

01

말을
잘한다는 것

opportunity + job & work + tomorrow

●● **말을 잘한다는 소리를 듣고 싶다면**

말을 하는 순간 돋보이는 사람들이 있다. 인터뷰 프로그램이나 정부 행사를 진행하다 보면 이른바 한자리하고 계신 분들이 특히 그러하다. 말에서 품격이 느껴지고, 말 속에 그의 커리어와 역사가 잘 녹아 있다. 말을 잘하거나 말에서 품격과 매력이 느껴지는 사람들에겐 공통점이 있다. 말에 대한 거부감이나 두려움이 없고, 대화의 흐름을 자연스럽게 만들어간다. 또한 상대방을 편안하고 기분 좋게 만들어준다.

말을 잘하지 못하는 사람은 이와 반대이다. 말에 대한 두려움이 크다. 떠오르는 생각 자체가 없기에 어떻게 말을 할지 고민하다 결국 아무런 말 한마디 하지 못하고 자리를 뜨게 된다. 말을 두려워하는 사람들의 이유를 들어보면 의외로 간단하다. 상대방의 반응이 무서워서이다. 말을 했는데 듣는 사람의 반응이 좋지 않으면 어떻게 할까 하는 고민이 앞선다. 무슨 말을 할까 고민하는 순간 생각이 많아지다 말할 타이밍을 놓치게 된다. 타이밍을 재다 해야 할 말을 하지 못한다. 이런 일이 반복되다 보면 말하는 자리에서 의기소침해지고 자신을 결국 말을 잘하지 못하는 사람으로 여기게 된다.

도대체 말을 잘한다는 소리를 들으려면 어떻게 해야 할까?

일상생활 속에서 늘 하는 게 말인데, 말은 '잘하기' 정말 어렵다. 머릿속에 맴도는 말은 많지만 입 밖으로 꺼내기가 생각처럼 쉽지 않다. 이른바 말 좀 하는 사람들조차 각자 조언하는 바가 다르다. '때와 장소를 가려라, 듣고 싶은 말을 해줘라, 같은 말은 두 번 이상 하지 마라, 일관성 있게 말해라, 끝까지 듣고 말해라.' 등등 모두 옳은 이야기이다. 하지만 말을 잘하지 못하는 사람들에겐 적용하기 어렵고 두루뭉술한 이야기이다.

말을 잘하고 싶다면 한 가지만 기억하자. 우선 힘부터 빼야 한다. 운동이나 성악을 처음 시작할 때 초보자가 가장 많이 듣는 말은 '힘을 빼세요.'이다. 말도 크게 다르지 않다. 너무 잘하려고 하지 말고 힘을 빼고 짧게, 쉬운 말부터 일단 시작해 보는 것이다. 상대방이 말을 하면 공감의 표현으로 맞장구를 치는 것도 좋다. 생각나는 대로 힘을 빼고 짧은 말하기를 시도해 보자. 혼잣말도 좋다. 매일 꾸준히 무엇이든 말하는 습관을 만들어보자. 이 책과 함께 호흡하는 법, 소리 내는 법, 매너 있게 말하는 스킬, 매력적인 제스처까지 한 단계, 한 단계 트레이닝을 하다 보면 주변의 반응이 달라지기 시작할 것이다.

•• 말을 바꾸면 인생이 업그레이드된다

외국계 기업에 근무할 당시 국내 지사 대표와 함께 신입사원 채용에 참여한 적이 있다. 최종 합격자로 뽑힌 지원자는 이미지가 좋은 사람이었다. 그녀는 좋은 이미지로 우수한 스펙의 경쟁자들을 누르고 최종 면접을 통과했다. 화려한 외모는 아니었으나 아나운서들이 잘 쓰는 '미' 톤에 발음이 매우 정확했다. 특히 자신의 역량을 말로 잘 설명했다. 물론 학점과 자격증, 가지고 있는 능력도 나쁘지 않았다. 그런데도 그녀를 유독 이미지가 좋다고 기억하는 이유는 입사 이후에도 '말을 잘한다.'라는 평가가 지배적이었기 때문이다. 광고주 미팅에 참여했던 어느 날 그녀는 의외의 제안을 했다.

"차장님, 회의 때 말씀하시는 모습이 너무 좋아서 저도 배우고 싶어요. 다음 회의에서는 제가 녹음해서 다시 들어봐도 될까요?"

순수한 신입의 열정이었지만 회의 내용을 녹음한다는 점이 일부 직원을 당황하게 할 수 있었다. 그래서 나와 동행할 때만 해보도록 허락했다. 나 역시 처음 일을 배울 때 회의 내용뿐 아니라 상사의 멘트와 말투, 제스처를 기록했던 적이 있었다. 그 과정을 통해 업무 용어는 물론 호감을 얻는 협상의 능력까지 배울 수 있었기에 그녀의 제안을 허락할 수 있었다.

그 직원의 업무 적응도는 다른 직원보다 탁월했다. 말을 배우고자 했던 그녀는 일도 빨리 익혔다. 자연스럽게 그녀가 보내는 비즈니스 메일 양식이 상사인 내가 자주 쓰는 형태로 변해가고 있었다. 업무 능력이 비슷하다 하더라도 말이 없거나 말투가 차가울 경우 동료들과 소통이 어려워진다. 그러다 결국 자신이 완성한 일을 제대로 어필하지 못하는 불상사를 겪기도 한다. 이에 반해 말을 잘한다는 칭찬을 받던 그녀는 자신을 더욱 성장시켰다. 동료들에게 먼저 인사를 건넬 뿐 아니라 이직한 상사에게도 안부를 전했다. 말에 자신이 붙기 시작하면서 업무의 성과도 좋아졌다.

결국 그녀는 업무 능력과 사회적 관계의 영향으로 혼자서는 꿈꾸기 어려웠을 큰 기업으로 스카웃되었다. 함께 일했던 선배들의 추천이 히든카드였다.

●● 말은 기회를 만드는 도구

말수가 적은 것이 미덕이던 시절도 있었다. 우선 말실수가 적다. 내 이야기는 물론 남의 이야기도 옮기지 않으니 신뢰를 얻을 수도 있다. 말을 하지 않으니 '말만 앞선다, 입만 살았다.'라는 오해도 받지 않는다.

하지만 시대가 달라졌다. 말로 먹고살 일이 많아졌다. 대학에 가거나, 취업을 하거나, 당장 모임에 나갈 때도 자기소개를 한다. 자신을 돋보이게 하는 역량이 말에 있는 셈이다.

> "말은 사람의 타고난 능력이지만 말을 잘하기 위해서는 후천적인 연습이 필요하다."

미국 매사추세츠 공대 언어학 교수인 로만 야콥슨은 '말을 잘하는 방법'에 대해 위와 같이 정의했다.

소셜 네트워크 서비스는 물론 미디어가 발달하면서 개인의 말하기는 더욱 중요해지고 있다. N잡 열풍과 함께 인플루언서가 연예인을 뛰어넘는 인기를 누리며 부를 창출한다. 우리는 말로 자신을 적극적으로 보여주는 시대를 살고 있다.

말은 새로운 기회를 만드는 도구가 되었다. 말은 상대방에게 전달하지만 결국 나를 위한 행위이다. 그 누구도 아닌 나를 위해 말을 잘해야 하는 이유가 바로 여기에 있다.

02

말은
왜 중요할까?

opportunity + job & work + tomorrow

●● **말을 잘해야 프로처럼 보인다**

"어떡하지? 비대면 발표는 처음인데……."

코로나19 팬데믹은 많은 것을 바꾸어놓았다. 그중 하나가 비대면 만남이다. 핸드폰 하나만 있어도 어디서든 회의를 할 수 있다. 편리함을 얻는 동시에 말, 스피치가 관건이 되었다.

외국계 기업에 다니는 친구로부터 다급한 전화가 왔다. 얼마 전 회사 선배가 화상으로 발표를 했는데 베테랑 상사로 프레젠테이션 능력자였던 선배가 그동안 단 한 번도 보여주지 않았던 실수를 연발했다는 것이다. 평소와 달리 목소리는 톤을 유지하지 못하고 처음부터 끝까지 떨렸다고 했다. 시선 처리 역시 불안정했고 눈동자는 어디를 보는지 알 수 없더란다. 자료를 보고 읽는 것인지 보고 읽는 것조차 잊어버린 것인지 알 수 없었다고 했다. 그리고 이틀 뒤 자신의 순서가 다가와 어떻게 해야 할지 막막하다는 것이었다.

외국계 기업 마케터 경력 15년, 발표라면 이골이 났을 그녀가 인생 최대의 위기를 맞은 것처럼 불안에 떨고 있었다. 상대방의 시선과 반응을 살필 수 없는 상태에서 일방적으로 말하는 것이 두려운 것이다. 선배의 사례에서처럼 비대면 발표를 잘하지 못해 지금까지의 커리어와 이미지를 한순간에 잃을지도 모른다는 불안이 엄습한 듯 보였다.

코로나19 팬데믹 이후 비대면, 즉 화상 면접을 보는 사례가 급격하게 늘어났다. 하지만 온라인 환경에 익숙하지 않은 지원자들이 원래의 실력을 보여주지 못한 경우가 많았다. 아무리 연습을 해도 막상 실전에서는 실력을 제대로 발휘하기 쉽지 않다고 했다.

화상 면접, 비대면 강의, 영상 발표 등 온라인을 통한 말하기가 어려운 이유가 있다. 오프라인 회의 장소에서 발표할 때는 눈빛, 손동작, 다양한 움직임 들이 스피치 실력에 더해져 내용이 전달된다. 즉 말 하나로 전달력이 작동되는 것이 아니라 비언어적인 요소의 힘에 기댈 수 있다. 반면 온라인에서는 90퍼센트 이상이 오직 말과 목소리에 집중된다. 평소 느끼지 못했을 단점들이 더욱 강조될 수밖에 없다.

당장 발표를 해야 하는 그녀를 위해 나는 단기처방을 내려주었다.

'아, 어, 음…….'

비대면에서는 채움말을 줄여야 한다. 즉 멈칫거림을 줄여야 말을 잘하는 느낌을 줄 수 있다. 그러기 위해서는 자신이 할 말을 글로 써보는 것이 가장 좋다고 했다. 친구는 나의 조언이 마뜩하지 않았는지 다시 물었다.

'원고를 쓰라고? 처음부터 끝까지? 전부?'

그렇다. 대부분 발표를 할 때 이야기의 키워드나 간단한 문구를 써놓기는 하지만 문장 전체를 쓰는 일은 없었을 것이다. 이 경우 발표자가 긴장하거나 예상치 못한 상황을 마주하게 되면 우왕좌왕하다 해야 할 말을 하지 못하고 발표를 끝내는 경우가 많다. 긴장한 나머지 쓸데없는 말을 추가하기도 한다. 결국 준비한 만큼 실력을 발휘하기 어렵다. 그래서 두 가지 방법을 제안했다.

첫째, 대본을 써본다. 이는 100퍼센트 아니, 200퍼센트 이상 도움이 된다. 나의 말투로 구어체 대본을 처음부터 끝까지 써보는 것이다. 내 말투로 실제 발표하듯이 써야 실전에서 써놓은 원고를 보며 읽더라도 자연스러운 발표를 할 수 있다.

둘째, 편안한 톤의 목소리를 유지한다. 너무 높은 톤은 온라인상에서 장시간 듣기 어렵고, 너무 낮은 톤은 듣는 이에게 지루한 느낌을 줄 수 있다. 그러므로 평소 말하듯 중간 정도의 '미' 톤을 유지해 주는 것이 좋다. '미' 톤은 자신이 낼 수 있는 가장 상냥한 톤이다. 그 부분을 생각하고 소리를 내어보면 음을 잡기 쉽다. 하지만 너무 일정한 톤으로 오래 발표하면 집중도가 떨어지기 때문에 중간중간 포즈를 넣거나 톤을 조금 올려 강조를 하는 등 다양한 요소를 넣어주면 온라인 발표 역시 다채로워질 수 있다.

발표 역시 내가 만드는 한 편의 드라마이다. 대본을 쓴다는 마음으로 미리 원고를 쓰고 실전에서 연기를 해보자. 이와 함께 펜을 활용하면 좋다. 화면에 포인트를 짚어주면 듣는 이의 시선을 사로잡으면서 더욱 집중도를 높일 수 있다.

사전에 철저히 준비한 끝에 그녀의 발표는 성공적으로 끝났다. 결국 그녀는 일 잘하는 사람이 말도 잘한다는 좋은 평가를 받았다.

●● 말이 불안하면 일도 안 된다

말하기 공포증의 본질은 어쩌면 '집단에 대한 개인의 본능적인 공포'일 수 있다. 그 공포는 '열등감'을 낳게 한다. 말은 사람들에게 자기의 존재를 드러내는 행동인 데 반해 열등감은 사람들에서 자기 존재를 감추고 싶은 마음이다. 말이 원인이라면, 말을 고치면 열등감을 자신감으로 바꿀 수 있다.

　아나운서 업무 중 지인으로부터 L그룹 개발자인 30대 중반의 남성을 소개받았다. 승진을 앞둔 중요한 시점에 진행되는 프로젝트 발표를 잘하고 싶다고 했다. 지금까지 개발자로 큰 어려움 없이 근무했지만 가장 중요한 시점에 말하기가 자신의 발목을 잡은 것이다.

　"안녕하세요……. 이렇게 도와주셔서… 감…사해요."

　그의 목소리는 입안을 맴돌았다. 자신감이 없고 불안정한 톤에 입 모양도 제대로 움직이지 않았다. 시선을 맞추지 못하고 고개도 떨궈져 있었다. 메시지를 주고받을 때는 적극적인 의사 표현을 했던 사람이었다. 그도 처음부터 조용한 성격은 아니었다고 한다. 하지만 직무에서 말할 기회가 많지 않았고 점점 말의 필요성을 느끼지 못하게 되면서 자연스럽게 이메일, 메신저로 소통하는 데 익숙해졌다. 그런데 프로젝트 책임자가 되어 발표 자리에 나서려고 하니 난감하다는 것이다.

주어진 시간은 일주일, 나로서도 난감하기는 마찬가지였다. 우선 목소리를 녹음해서 들어보자고 했다. 손사래를 치며 듣고 싶지 않다고 했다. 자신의 목소리를 제삼자의 입장에서 들으면서 치명적인 단점만 수정해도 훨씬 좋아진다고 설득했다. 그러자 그는 스스로 원인을 찾아냈다.

"자신감이 없어 보이네요."
"제 목소리가 이렇게 작은지 몰랐어요."

일주일 동안 작고 힘없는 목소리 개선을 위해 두 가지에 주력했다.

- 소리 던지기
- 발표할 내용을 반복해서 연습하기

그와 함께 연습을 시작했다. 배에 힘을 주고 목소리를 던지듯 내지르는 것은 생각처럼 쉽지 않았다. 연습에 연습을 거듭하자. 그는 조금씩 큰 소리를 내기 시작했고 스스로 속이 다 후련하다고 고백했다. 물론 그가 완벽한 말하기를 구현한 것은 아니다. 하지만 처음으로 자기 목소리의 단점을 찾아내고 자신 있게 말할 용기가 생긴 것만으로도 큰 성과였다. 결정적인 순간의 발표가 자신의 인생을 바꾼 말이 된 것이다. 업무 분야까지 자신감과 의욕을 되찾게 된 보기 좋은 사례였다.

말이 불안하면 능력과 자질을 인정받기 어렵다. 말이 안 되면 일도 불안해진다는 이야기이다. 말 한마디의 변화는 그 사람의 마음가짐과 자세를 변화시킨다.

03

말이 달라지면
시작되는 변화

opportunity + job & work + tomorrow

•• **말하는 대로, 생각한 대로**

아나운서는 인기 직종 중 하나이다. 해마다 많은 지원자가 수천 대 일의 경쟁률을 뚫고 꿈을 이루기 위해 도전한다. 전문 교육기관도 문전성시로 실제 방송국 수준의 시설과 장비를 갖추고 교육하고 있다. 교육기관에서 강의를 맡으면 첫인사처럼 하는 질문이 있다.

"어떤 아나운서가 되고 싶나요?"

보통 좋은 아나운서, 멋있는 아나운서 등 뻔한 수식어를 붙인다. 그래서 첫 시간은 광고회사에서 일한 경험을 적용하여 구체적인 드림 리스트를 만들게 한다. 광고주의 홍보 목표에 다가가고 고객의 니즈에 근접하기 위해 단계를 줄여 가며 마스터플랜을 만들던 프로세스를 반영한 것이다. 꿈과 목표를 위한 동기부여를 해줄 뿐 아니라 정해진 기간 안에 목표를 달성하게 해주는 좋은 도구이다.

모든 직업이 그렇듯이 아나운서 역시 채용될 때까지 기한 없이 준비하는 것보다 명확한 목표와 시간을 설정하는 것이 중요하다. 더불어 구체적으로 이루어야 할 작은 목표치가 필요하다. 그렇지 않으면 높은 경쟁률을 넘지 못할 때마다 기약 없는 준비생이 된다. 그것은 사회 어느 분야나 입시를 준비하는 학생 역시 마찬가지이다. 생각대로 살지 않으면 사는 대로 생각하게 된다. 말도 마찬가지이다. 말하는 대로 살지 않으면 사는 대로 말하게 된다.

드림노트는 보통 교재의 첫 장 여백을 이용하지만 보다 구체적으로 해보고 싶다면 따로 다이어리를 만들어볼 것을 권한다. 아나운서 시험에 도전할 시기와 목표를 각자 계획하자는 것이다. 작은 카테고리를 만들어 마인드맵과 자신만의 계획표를 만들어볼 것도 제안한다.

- 아나운서 시험에 처음 도전할 시기
- 우선순위 방송사 정하기
- 아나운서 합격 시기
- 처음으로 맡고 싶은 프로그램
- 자주 입는 의상 컬러
- 단독 진행자가 되었을 때의 앵커 멘트

각자 자신이 꿈꾸는 바에 따라 드림노트의 스토리가 달라진다. 나도 아나운서를 준비하면서 처음 드림노트를 만들었다. 나는 첫 장에 다음과 같은 목표를 구체적으로 써놓았다.

> 나는 2012년 1월, KBS 오전 9시에 방송되는 생방송 뉴스광장 프로그램을 진행하는 여자 메인 앵커가 될 것이다.

드림노트를 쓰라고 하면 사람들의 반응은 대체로 비슷하다. '과연 이렇게 쓴다고 뜻대로 이루어질까?' 하는 표정이다. 뭐라고 써야 할지 모르겠다고 하는 수강생도 있다. 내가 되고 싶은 것이 무엇인지, 목표를 이루기 위해서 지금부터 해야 할 일이 무엇인지, 꿈을 이루었을 때 어떤 모습으로 살게 될지 그려보는 과정은 꿈에 대해 상세하게 들여다볼 수 있는 중요한 시간이다. 물론 드림노트를 쓴다고 해서 목표대로 모든 것이 이루어질지는 장담할 수 없다. 그렇지만 생각하고 말하는 순간 꿈은 실행 가능한 힘이 된다.

●● 알면서도 바꾸지 못하는 말 습관

"당신이 생각하고 있는 말을 1만 번 이상 반복하면 당신은 그런 사람이 된다."

아메리카 인디언 속담이다. 성공하고 싶은데 마음처럼 잘되지 않았다면, 인생이 달라지길 원한다면 해야 할 일이 있다. 바로 자신의 말을 되짚어 보는 것이다. 일상 속에서 내가 한 말을 얼마나 지키고 있나 생각해 보자. 이런저런 이유로 제대로 지키지 못하고 있는 것이 현실이다.

"이번에는 꼭 살을 빼야 하는데."
"술을 줄여야 하는데."
'책을 좀 읽어야 하는데.'
"돈을 모으고 싶은데."

'~해야 하는데' 뒤에는 생략된 말이 있다. 다이어트 해야 하는데 운동할 시간이 없다. 술을 줄여야 하는데 주변에서 가만히 두지 않는다. 책을 읽고 싶은데 무척 바쁘다. 돈을 모으고 싶지만 사고 싶은 것이 많다. 타인에게 어떤 결심에 대해 말할 때 늘 되지 않을 것을 암시한다. 이런 부정적인 암시를 담은 말은 절대 행동을 바꿀 수 없다.

매번 결심하는데도 잘 실행되지 않는 행동은 말을 바꾸면 상황이 달라질 가능성이 커진다.

'~해야 하는데' 또는 '~하고 싶은데' 대신 '~하고 반드시 ~한다.'라는 구체적인 계획과 결과까지 확정해 두는 것이다. 여러 가지 핑계로 회피할 수 있었던 이유를 목표로 전환하는 말 습관으로 바꾸면 된다.

- 다이어트를 하고 보디 프로필을 찍는다.
- 술은 일주일에 한 번만 먹는다.
- 한 달에 한 권 읽는 독서모임에 가입해 본다.
- 천만 원을 모을 때까지 주 만원으로 버틴다.

실행되지 않을 것 같은 말을 하는 것 보다 실행할 수 있는 말로 바꾸는 습관을 들여보자. 말이 행동으로 나타나면 나 자신은 물론 나와 함께하는 사람들의 말과 기분 또한 달라진다. 가는 말이 고와야 오는 말도 고와지는 법이다.

부정적인 혼잣말도 고쳐야 한다. "이번에도 망했어!", "왜 굳이 나한테……."라는 생각이 들더라도 "사람이 완벽할 수는 없지.", "다음엔 달라지겠지."라고 말하는 습관을 들여보자. 일상에서 사용하는 부정적인 말은 기분으로 이어지고 기분은 곧 태도가 되어 다른 사람들에게 실수할 가능성이 커진다. 현실은 "나는 늘 안 돼." 하는 심정일지라도 "이렇게 내가 또 성장하는구나!" 하는 식의 자존감 높은 말을 이용해 보자.

전 세계를 오가는 강연과 수업을 통해 '사장을 가르치는 사장'으로 잘 알려진 스노우팍스 그룹 김승호 회장 역시 말의 힘을 강조한다. 그는 자신의 저서 『생각의 비밀』, 『돈의 속성』에서 '성공은 습관에서 온다.'라는 말을 강조하며 자기 암시를 실천할 것을 권한다.

"이루고자 하는 것을 하루에 100번씩, 100일 동안 중얼거리는 것이다."

그는 구체적인 목표를 눈에 보이게 기록하고 매일 100번씩, 100일 동안 외쳤다고 한다. 한 번 말하고 나면 말이 잊히기 전까지 그 힘은 사라지지 않았다. 계속해서 그 힘이 사라지지 않도록 액자에 쓰거나 포스터를 제작해 걸어두기도 했다.

생각이 말이 되어 나오는 순간 목표는 명확해지고 구체적인 것이 된다. 생각과 말이 달라지면 인생이 변한다. 이는 어느 분야에서나 기본이 되는 원리이다.

04

나의 말하기 점수는 얼마일까?

opportunity + job & work - tomorrow

●● **당신의 목소리를 들어본 적 있나요?**

말이 중요하다는 것은 누구나 잘 알고 있는 사실이다. 그러나 말은 생각처럼 쉽지 않다. 하지만 편안한 자리에 있으면 또 말처럼 쉬운 게 없다. 술을 마시고 긴장이 풀리면 너무 많은 말을 해서 실수를 하기도 한다. 과연 말은 쉬운 것일까, 어려운 것일까?

"당신은 말을 잘하는 편인가요?"

누군가 나에게 말하기에 대한 수준을 묻는다면 나 역시 잘할 때도 있고 그렇지 않을 때도 있다고 대답할 것이다. 직업이 말하는 사람이지만 나에게도 실수와 불안은 늘 따라다닌다. 그래서 중요한 프로그램이나 행사를 맡게 되면 실수와 불안을 없애기 위해 연습으로 극복한다. 그러면 조금씩 두려움이 사라진다. 말을 잘하기 위해서는 자신의 말하는 습관과 능력을 파악하는 것이 중요하다. 장점을 살리고 단점을 보완한다면 지금보다 훨씬 자신감 넘치게 말할 수 있다.

그런 의미로 나는 수강생들에게 자신의 목소리를 녹음해 보라는 과제를 준다. 아나운서나 가수 등 방송인을 제외하면 대부분 자신의 목소리를 들어본 적이 없기 때문이다.

취업 준비생부터 경력이 많은 전문직까지 대부분 자신의 목소리를 듣는 것을 부담스러워한다. 과제라는 이유로 녹음을 해 와도 같이 들어보자고 하면 얼굴빛부터 변한다. 강사 일을 하는 수강생마저도 많은 사람 앞에서 녹음한 자신의 목소리를 듣는 것을 싫어했다. 목소리가 나오자마자 격한 반응을 보이며 소리를 지르는 사람도 있다.

"아! 못 듣겠어요. 꺼주세요."
"제가 저렇게 말한다고요?"

당연한 반응이다. 상대방이 듣는 내 목소리와 내가 말하면서 듣는 내 목소리 사이에는 큰 차이가 있다. 자신의 목소리는 귀의 안쪽, 즉 '내이(內耳)'를 울리며 들어오는 것으로 뇌에서 감지한다. 반면 타인의 소리는 공기의 파장을 거친 뒤 '외이(外耳)'를 울리며 듣게 된다. 세상 사람들이 다 듣고 있었던 실제 내 목소리를 나만 모르고 있었던 셈이다.

문제를 개선하려면 현재 상황을 파악하고 문제를 직면하는 데서 출발해야 한다. 말은 늘 사용하는 것이기 때문에 자신이 하는 말에 문제가 있다고 느끼기 어렵다. 그 사실을 깨닫게 되더라도 굳이 바꾸려고 노력하지 않는다. 이로 인해 실제 녹음된 본인 목소리가 낯설다 못해 듣기 거북해지는 것이다.

처음 자신의 목소리 들으면 대부분 어색해한다. 하지만 본인 목소리를 제삼자가 되어 들어보면 문제 해결의 실마리를 찾을 수 있다.

"목소리가 너무 높아서 징그러워요."
"이렇게 빠른 줄 몰랐어요."
"제가 아~ 어~~ 이런 말을 많이 하네요."
'너무 웅얼거리는데요?'

거부감을 보이던 시간이 지나면 전문가처럼 자신의 단점을 정확하게 찾아내는 자기 객관화 반응이 나타난다.

●● 잘 되는 말, 안 되는 말

어떤 모임이든 좌중을 휘어잡으며 배꼽 빠지게 웃기는 사람들이 있다. 어쩌면 그렇게 말을 잘하는지 감탄스러울 정도이다. 그런 사람들이 자주 듣는 말이 있다.

"야, 너 영업하면 잘하겠다!"

그들은 실제로 협업 제안도 종종 받는다고 한다. 그런데 그렇게 말 잘하는 사람들이 의외로 일할 때는 다른 모습일 때가 있다. 친구들 사이에서는 '핵인싸'였지만 업무에서는 그렇지 못한 경우가 있는 것이다. 일반적인 수다와 일의 언어가 다르다는 것을 보여주는 사례이다. 소리를 목으로만 내는 데 익숙해 말을 오래 할 수 없거나, 말에 품격이 없을 때도 그렇다. 반면 과묵한 사람이 어느 날 던진 한마디가 이른바 '동굴 보이스'일 때, 이렇게 좋은 목소리를 가졌었나 하고 주변을 놀라게 할 때도 있다. 단지 그가 말이 없는 이유는 이야기할 콘텐츠가 없거나, 대화에 끼어들 기회를 놓쳤거나, 내향적인 성격 때문일 뿐이었다. 어떤 이는 입만 열면 좋은 이미지가 깨지는 사람도 있다. 외모와 매치가 되지 않을 정도로 거친 발음이나 불필요한 된소리, 튀는 억양을 가진 경우가 그렇다.

말에는 여러 영역이 있다. 말을 잘하지 못할 때는 무엇이 문제인지 제대로 짚어야 한다. 엿가락처럼 늘어지는 목소리, 코맹맹이 소리, 심한 떨림과 불안, 유난히 되지 않는 발음, 과도한 제스처, 불만과 비난의 말투 등이 말을 못하는 사례들이다.

말을 잘하는 것과 못하는 것에 대해 평가를 하기 위해서는 자신이 어느 영역에 강점과 약점이 있는지 명확한 분석을 하는 것이 필요하다. 그 후 말의 영역을 나누어 가장 먼저 해결해야 할 문제점을 찾아내야 한다.

말을 잘하기 위해 반드시 고쳐야 할 목표를 찾는 과정은 중요하다. 말하는 습관, 목소리와 말투, 발표와 습관적인 행동에서 자신의 문제점을 찾아낼 수 있다. 이는 나의 강점을 발견하는 과정이기도 하다. 내가 어느 부분에서 문제가 나타나는지, 내 목소리의 강점을 어떻게 활용할지 등을 체크리스트를 통해 파악해 보자.

다음 체크리스트는 일반적으로 말하기 강의를 하는 현직 강사와 전문가 들이 활용하는 진단 도구이다. 이를 통해 자신의 문제를 살펴보자.

부족한 부분을 채워나가다 보면 달변가라는 별명을 얻을 수

✅ **말하기 진단 체크리스트**

목소리	● 목소리에 힘이 없다. ● 조금만 크게 말해도 목이 아파서 자주 물을 마신다. ● 시끄러운 곳에서 잠깐 대화를 해도 목이 아프다. ● 나의 목소리 톤은 고음이다. ● 녹음한 내 목소리가 듣기 싫다. ● 말끝을 흐지부지 얼버무린다. ● 발표할 때 목소리가 자주 떨리는 걸 느낀다.
발음	● 웅얼웅얼한다는 소리를 듣는다. ● 상대방이 내 말을 되묻는 경우가 많다. ● 부모님, 선생님으로부터 똑바로 말하라는 소리를 들었다. ● 치아를 교정한 뒤부터 발음이 나빠진 걸 느낀다. ● 특정 발음이 되지 않는다. ● 발음을 위해 책을 읽으며 연습한 적이 있다. ● 혀가 짧은 것 같다.
말투	● 오래 말하면 사람들이 지루해할까 봐 걱정된다. ● 사투리를 고치고 싶다. ● 아이처럼 말한다는 이야기를 듣는다. ● 재미있게 이야기하는 사람이 부럽다. ● 영혼 없이 말한다는 소리를 듣는다. ● 전문가처럼 말하고 싶다. ● 흥분하면 말이 빨라질 때가 있다.
비언어	● 눈을 보고 말하는 게 떨린다. ● 발표할 때 한곳에 서서 한다. ● 손을 많이 쓰면서 말하는 편이다. ● 발표할 때 손을 어떻게 해야 할지 모르겠다. ● 짝다리를 짚고 선다. ● 내 모습이 당당해 보이지 않는다. ● 내 모습을 촬영해서 보는 게 부끄럽다.

있을지 누가 아는가? 처음에는 준비와 연습이 부족할 수도 있고, 말을 시작하기 두렵거나 방법을 모르는 경우도 있다. 하지만 '나도 할 수 있다.'라는 자신감을 가지고 꾸준히 노력하다 보면 곧 달라진 갈과 목소리를 체감하게 될 것이다.

> One Point Lesson

말로 성공한 사람들

　말은 사회적으로 성공하는 기회의 도구이다. 말을 통해 새로운 기회를 만들고 그 기회를 통해 자신을 성장시키기도 한다. 조직과 사회, 국가를 이끄는 리더는 자신의 말 한마디와 행동 하나하나에 영향력을 갖는다. 말로 신뢰를 얻어 역사에 남을 지도자가 되기도 한다. 한편 말은 돈과 사람을 끌어당기는 힘이 있다. 말에 진심을 담으면 사람을 얻고 돈을 만든다.

　말로 자신의 목표를 이룬 다음 두 사람의 이야기는 시사하는 바가 크다.

위대한 연설가, 버락 오바마 전 미국 대통령

버락 오바마의 연설은 그를 정치계의 다크호스로 만들었다. 오바마의 성공 비결 중 하나는 사람들의 마음을 사로잡는 스피치 실력에 있다. 각종 인터뷰와 연설을 통해 감동의 메시지를 전했던 그는 쉬운 말을 호소력 있게 전하며 국민의 지지를 얻어냈다. 오바마의 말하기에는 몇 가지 노하우가 있다.

첫째, 진실되게 말한다. 특히 실제 자신의 경험담을 진술하면서도 쉽게 표현한다. 대통령 당선 전 회고록인 『내 아버지의 꿈』에서는 힘들었던 유년 시절 이야기를 전하며 평범한 사람들과 소통한다.

둘째, 긍정적인 표현을 한다. "우리 속의 더 나은 천사(the better angels in our nature)", "우리는 하나", "담대한 희망" 등 그의 말을 듣다 보면 모든 것이 가능할 것 같은 느낌을 받는다. 특히 대통령 후보 수락 연설에서는 "그럼요, 우리는 할 수 있습니다(Yes, we can)!"라는 단어를 일곱 번이나 반복하기도 했다. 청중은 부정적인 단어보다 긍정적인 단어에 귀를 기울이며 마음을 연다. 이것이 수많은 사람이 그의 스피치에 열광한 이유이다.

셋째, 침묵을 잘 활용한다. 침묵도 일종의 언어이다. 애리조나주 투산에서 총기난사 사건으로 많은 사람이 다쳤다. 미국의 역대 대통령들의 국난 극복 스피치는 보통 10분 안팎이었다. 그러나 오바마는 무려 34분간 추모 스피치를 했다. 말을 마친 그는 51초간 침묵

했다. 그의 침묵은 그 어떤 표현보다 진정성이 넘쳐흘렀다.

넷째, 여유와 유머, 그리고 제스처가 세련되었다. 오바마의 스피치는 때로는 즉흥적이고 돌발적이다. 그만큼 자연스럽다. 하지만 그의 제스처, 표정과 말투는 철저하게 준비된 것이다. 오바마 역시 언어 습관과 표현에 있어 치밀하게 계산하고 완벽하게 습득하는 훈련이 있었다고 전해진다. 이와 함께 여유와 유머가 넘친다. 청중들과 눈을 맞추며 적절한 제스처로 공감을 이끌어낸다.

미국의 경제전문지 〈비즈니스 위크〉는 오바마를 이 시대의 가장 위대한 연설가 중 한 명으로 평가한 바 있다. 평범한 흑인 소년을 미국 역사상 첫 흑인 대통령으로 변화시킨 힘 역시 말에서 시작된 것이다.

말 한마디로 억만장자가 된 에드윈 C. 번즈

'에디슨과 함께 일하고 싶다.'라는 꿈을 품은 한 청년이 있었다. 하지만 번즈는 무엇부터 해야 할지 알지 못했다. 그에게는 두 가지 큰 문제가 있었다. 하나는 에디슨을 한 번도 만난 적이 없다는 것이고, 또 하나는 에디슨연구소가 있는 뉴저지주 이스트오렌지까지 가는 기차표를 살 돈이 없다는 것이었다.

실현 가능성이 없는 꿈이었다. 그러나 번즈는 너무나 간절했다. 그는 꿈을 포기하느니 화물차 짐칸에 숨는 방법을 택했고, 결국 몰래 기차를 타고 에디슨을 만나러 갔다.

"에디슨 씨, 당신과 공동사업을 하고 싶어서 먼 길을 찾아왔습니다."

그 말 한마디의 힘으로 그는 에디슨연구소에서 일할 기회를 얻었다. 처음에는 적은 임금을 받고 연구소 잡무를 처리했다. 번즈는 작은 일조차 소중하게 여기고 최선을 다했다. 자신의 잠재적 사업 파트너인 에디슨에게 그의 재능을 보여줄 기회가 생길 것이라 믿었기 때문이다. 번즈는 매일매일 스스로 자신의 꿈을 되뇌었다. 에디슨의 파트너가 되어 사업을 진행하는 모습을 상상하며 그 모습을 자신에게 주지시켰다.

"나는 언젠가 에디슨과 공동사업을 할 것이다."

드디어 기다리던 기회의 문이 열렸다. 에디슨은 신제품인 '에디슨 축음기'를 완성했지만 연구소의 영업사원들은 관심을 두지 않았다. 이에 반해 번즈는 그 신제품의 판매를 자신이 맡아보겠다는 의지를 밝혔다. 번즈는 기대 이상의 영업력을 보였고, 마침내 전국 판매권을 얻어 큰 부를 손에 쥐었다.

이를 통해 번즈는 '마음속에 싹튼 꿈이 말을 통해 명확한 형태를 갖추면 그것은 반드시 현실이 되어서 손에 들어온다.'라는 사실을 깨닫게 되었다.

Chapter 2

목소리가 좋아지는 발성법

Miracle Essay

목소리가 바뀌면 자신감이 생긴다

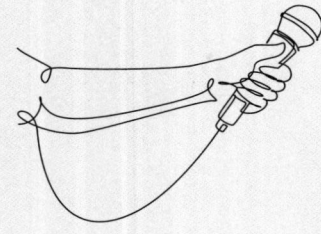

"내 목소리가 너무 듣기 싫어요."
"발표만 하려고 하면 목소리가 떨리고 쇳소리가 나요."
"말을 조금만 해도 목이 쉬어요."
"말할 때 숨소리가 너무 크게 나요."

말을 잘하고 싶어도 소리를 내는 것이 어렵다. 목소리를 바꾸고 싶다는 이야기도 종종 한다. 목소리가 바뀌면 인상이 달라진다. 우리가 좋은 목소리에 집착하는 이유가 바로 여기에 있다. 다행히 좋은 목소리는 타고날 수도 있지만 바꿀 수도 있다는 것이다.

숨만 잘 쉬어도 목소리가 변한다

타고난 목소리에 문제가 있더라도 노력으로 충분히 바꿀 수 있다. 아나운서에 도전하면서 나의 가장 큰 문제는 목소리였다. 아나운서 목소리는 대부분 비슷비슷한 편인데 여기에는 한 가지 비밀이 있다. 숙련된 아나운서들은 모두 복식 호흡, 즉 배로 숨을 쉬고 소리를 내기 때문이다.

복식 호흡을 통해 듣기 편한 목소리가 만들어진다. 숨쉬기로 목소리를 바꿀 수 있다면 당장 도전할 수 있을 법하다. 하지만 이 역시 꾸준한 연습이 필요하다. 들숨과 날숨은 매 순간 하는 일이지만 그 숨을 배까지 깊이 밀고 빼내는 일은 내 몸을 탐구하는 일에서부터 시작해야 한다.

복식 호흡을 하면 듣기 좋은 목소리를 만들 수 있고 목소리의 크기도 키울 수 있다. 하지만 말처럼 쉬운 것은 아니다. 평소 가슴과 코, 입으로 사용하던 호흡을 배로 내려 편안한 지점을 찾기까지는 노력이 필요하다.

나는 목소리의 문제점을 해결하기 위해 누운 자세에서 호흡 감각을 익히는 것부터 시작했다. 앉은 자세에서 허리를 숙인 채 팔을 늘어뜨리기도 하고, "하~", "헛~" 등 다양한 소리를 내기도 했다. 폭포수처럼 소리를 떨어뜨리거나 "야호!" 하고 소리를 내지르기도 했다. 때로는 낭독을 하며 소리를 음미했다. 앉아서 다리를 들고 숨을 쉬기도 하면서 짧은 호흡과 긴 호흡을 반복했다. 앞니를 이용한 울림을 느껴보기도 했다. 온몸을 써서 숨을 쉬니 소리가 아래로 이동하는 것이 느껴졌다. 그러다 결국 나에게 가장 안정적인 목소리를 찾아냈다.

이번 장에서는 내가 찾아낸 복식 호흡의 노하우를 전달하고자 한다. 면접이나 발표, 중요한 대화를 앞두고 있을 때나 좋은 목소리로 이미지를 바꾸고 싶을 때는 갓난아이로 돌아가 숨 쉬는 법부터 익히는 것이 좋다. 이 과정은 가장 듣기 좋은 목소리를 만드는 씨앗이 된다.

01

나만의 목소리를 찾는 발성훈련

opportunity + job & work - tomorrow

●● **목소리는 말보다 더 중요한 것을 말한다**

말하기에서 가장 중요한 요소는 목소리이다. 목소리는 표정과 완벽하게 일치한다. 입꼬리를 올리고 "힘들어요.", "너무 슬퍼요."라고 말한다고 생각해 보자. 가식적으로 들릴 것이다. 반대로 금세 울음이 터질 것처럼 입꼬리를 내린 상태에서 "축하해요.", "감사합니다."라고 말한다고 생각해 보자. 진심처럼 느껴지지 않을 것이다. 목소리는 단순히 목에서 나오는 소리가 아니다. 표정과 기분, 그리고 감정을 전달하는 도구이다.

청중을 향해 연설하거나 중요한 협상이 있을 때도 마찬가지이다. 연단에 오른 강연자나 정치인이 "자…신 …인 있게 마알

쏨드릴 수 있습니다." 하고 떨리는 목소리로 이야기한다면 믿어줄 사람이 누가 있겠는가? 반면 프레젠테이션을 하는 창업자나 면접자가 좋은 목소리를 가졌다면 결과는 성공에 가깝다. 외국 가수의 콘서트에서 영어 가사를 모두 이해하지 못하더라도 음악과 목소리만으로 저절로 흥겨워지고 행복해지는 것도 이와 같은 이유이다.

길거리에서 중저음의 남성 목소리, 또는 맑은 톤의 여성 목소리에 본능적으로 돌아본 경험을 한 적이 한 번쯤 있을 것이다. 그만큼 목소리는 호감을 불러일으키는 도구이다. 커뮤니케이션을 설명하는 이론 중에 '메라비언의 법칙'이라는 것이 있다. 메시지를 전달할 때 목소리가 38퍼센트로 큰 비중을 차지하고, 그다음으로 표정이 35퍼센트, 태도가 20퍼센트를 이루고 있다. 말하는 내용은 겨우 7퍼센트의 비중에 불과하다. 즉 무슨 말을 하든지 목소리가 좋으면 메시지 전달에 3분의 1 이상 성공한 셈인 것이다.

결론적으로 목소리는 말보다 더 중요하다. 말을 잘하는 사람이 되고 싶다면 말의 내용을 채우기에 앞서 목소리, 즉 발성훈련이 출발점이 되어야 한다.

●● 발성훈련을 꼭 해야 할까?

점점 말하기가 중요해지면서 아나운서를 육성하는 전문기관 외에도 스피치 강의, 보이스 트레이닝, 퍼스널 브랜딩까지 다양한 말하기 수업이 늘어났다. 같은 교육기관에서 발성훈련을 배우면 대체로 비슷한 음색을 가지게 된다. 가르치는 강사 역시 같은 교육원 출신이라면 목소리가 더 비슷하다. 일반인이 이러한 말하기 수업을 들으면 인위적으로 느껴지거나 부담스러울 수 있다.

"아나운서가 될 것도 아닌데
 목소리를 저렇게 만들 필요가 있을까요?"

물론 아나운서나 스피치 강사와 같은 목소리를 낼 필요는 없다. 발성훈련의 원리를 모르고 그저 목소리만 따라 하면 아나운서의 성대모사만 하는 셈이다. 하지만 사람은 누구나 특유의 목소리를 가지고 있다. 발성훈련을 하면 조금 더 안정되고 매력적인 목소리로 발전시킬 수 있다.

목소리가 좋지 않은 사람은 대부분 좋은 목소리를 내는 방법을 모른다. 말 그대로 '목으로 소리만 낼' 뿐이다. 문제는 바로 여기에 있다. 힘이 없고 목이 아프고 불안정한 소리가 나는 이유는 단지 목으로만 소리를 내기 때문이다. 무거운 짐을 들 때 손만 사용하면 힘이 들 뿐 아니라 손목과 허리에 무리를 준다. 팔뚝과 등, 허리, 허벅지의 힘을 골고루 써야 큰 힘을 쓰지 않고도 가뿐하게 짐을 들 수 있다. 목소리를 내는 원리도 같은 이치이다.

목소리가 작은 사람도 마찬가지이다. 보통 그런 경우 목을 쥐어짜서 말한다. 이 경우 성대에 무리가 생겨 상처가 생긴다. 긁히는 소리나 쇳소리가 나고 조금만 말해도 목에 힘이 들어가고 아프다. 누적된 목 통증은 소리를 작게 내는 원인이 된다. 소리가 작으면 톤이 높아진다. 고음으로 이야기하는 사람은 큰 목소리를 낼 수 없다. 톤이 높으면 소리가 얼굴 위로 올라가서 콧소리가 섞인다.

발표할 때 목소리 떨림이 생기는 '음 이탈'도 마찬가지이다. 목소리는 작고 고음인데 갈라지고 떨리는 목소리가 나오는 이유는 발표에 대한 긴장과 불안보다 발성이 문제인 경우가 많다. 목으로만 소리를 내면 힘이 부족하다. 소리를 안정적으로 잡아주지 못하고 불안정하다 보니 떨릴 수밖에 없다. 떨림을 감추려고 헛기침을 하는 경우도 많다. 그러면 목 상태는 더욱 악화하고 불안한 목소리가 반복되는 악순환이 반복될 뿐이다.

목소리를 제대로 내는 방법을 알면 말이 달라진다. 발성훈련은 마음에 들지 않는 목소리, 작은 목소리, 불안정한 톤, 음 이탈까지 모두 개선 가능한 치트키가 된다.

  말하기 수업에서 발성 연습부터 시작해야 하는 이유가 바로 여기에 있다.

02

복식 호흡이
좋은 목소리를 만든다

opportunity + job & work + tomorrow

●● 몸으로 배우는 복식 호흡

복식 호흡을 처음 배운 곳은 연기학원이었다. 목소리에 대한 콤플렉스가 있었기에 본격적인 아나운서 준비에 앞서 목소리를 다듬어볼 생각이었다. 강의실에는 책상이 아닌 요가 매트가 깔려 있었다. 선생님은 수강생들에게 매트에 몸을 펴고 누울 것을 지시했다. 교육생들이 매트에 눕자 선생님은 조명조차 꺼버렸다.

"자, 배에 손을 올려볼까요? 배가 어떻게 움직이죠?"
"오르락내리락해요."

"맞아요. 이게 바로 복식 호흡이에요."

선생님의 설명에 모두 어리둥절해하며 수군거리기 시작했다. 복식 호흡은 간단한 개념이다. 중요한 것은 이것을 매일매일 6시간 이상 연습했다는 것이다. 누워서 배 위에 손이나 책을 얹고 숨을 크게 들이마시고, 아랫배에 숨을 채우고, 소리를 내어보고 유지하기를 반복했다.

목과 어깨, 가슴에 바짝 힘이 들어간 채 원고 읽기를 반복하던 때와는 다른 느낌이었다. 편한 상태로 호흡을 바꾸었을 뿐인데 이전보다 목소리 크기부터 깊이까지 풍성해진 느낌이었다. 과거 배우 활동을 했던 선생님은 발성과 발음이 남달랐다. 아나운서 비역을 한 적이 한 번도 없었지만 뉴스 원고를 현직 앵커 못지않게 소화했다. 나는 거울 앞에서, 누워서, 서서, 걸으며 훈련했다. 연습이 거듭될수록 목소리가 중저음으로 점차 안정되었고, 발음도 예전보다 명확해졌다. 숨 쉬는 게 달라졌을 뿐인데 목소리가 변하는 것이 신기할 따름이었다.

●● **복식 호흡의 기본 순서**

복식 호흡이란 말 그대로 배를 이용한 호흡 방법이다. 먼저 눈을 감고 어떻게 숨을 쉬는지 집중하면서 몸의 내부에 있는 장기의 움직임을 느낄 수 있어야 한다. 이때 만약 흉부가 움직인다면 흉식 호흡, 복부가 움직인다면 복식 호흡이다. 복식 호흡은 가슴이 아닌 배를 부풀려 숨을 들이마시고 배로 내쉬는 과정이다. 위로는 코, 아래로는 배로 하는 것으로 이해하면 된다. 지금부터 기본 순서를 익혀보자.

> ○ **복식 호흡 발성법**
> 턱 열어주기 → 숨 마시기 → 아랫배에 숨 채우기 → 배에서 소리 내기 → 소리를 10초 이상 유지하기

1. 턱 열어주기

복식 호흡의 첫 번째 순서는 입 모양을 만드는 것이다. 입을 크게 벌리기 위해서는 턱을 열어두어야 한다. 먼저 손가락 두 개가 세로로 들어갈 만큼 턱을 열어준다. 턱을 크게 열면 숨을 한 번에 들이마실 수 있다. 턱을 열어준다고 표현하는 이유는 단순히 입을 벌리는 것이 아니라 입술에 힘을 빼고 아래턱을 내려야 하기 때문이다. 입안을 동굴처럼 둥글고 크게 만든다고 생각하면 된다. 이를 통해 입을 크게 벌리는 습관을 만들 수 있다. 턱을 여는 습관을 들이면 모음 발음을 수월하게 할 수 있다. 발성 기관을 미리 완성해 둔다는 마음으로 호흡 단계에서부터

미리 연습해 두자.

2. 숨 마시기

복식 호흡을 위해 입을 크게 벌렸다면 '하~' 하고 숨을 빨리 들이마셔서 보자. 일반적인 복식 호흡에서는 코로 천천히 숨을 들이마실 것을 권한다. 하지만 발성을 위한 복식 호흡에서는 입을 통해 숨을 마셔야 한다. 말을 할 때도 입을 움직여야 하므로 입을 통해 많은 양의 숨을 들이마시는 구조를 호흡 단계에서 만들어야 한다. 빨리 들이마시기보다 천천히 제대로 마시는 데 집중해야 숨이 제대로, 천천히 깊이 들어갈 수 있다.

3 아랫배에 숨 채우기

복식 호흡은 아랫배가 볼록해지도록 숨을 쉰다고 생각하면 된다. 아랫배는 배꼽 아래 5센티미터 정도에 있는 단전의 위치에 있다. 입으로 숨, 즉 공기를 마셔서 배에 저장한다고 생각하자. 배를 중심으로 공기를 폐에 충분히 넣어주는 과정이다. 이때 들이마신 공기가 아랫배로 채워지는지 확인하는 것이 좋다. 한 손을 아랫배에 올려두고 배가 나오는지 살펴본다. 의식적으로 배를 부풀려도 좋다. 다른 한 손은 가슴에 올려둔다. 배가 아니라 가슴이 부풀려지는 것을 주의해야 한다.

4. 배에서 소리 내기

발성을 위한 복식 호흡을 연습하는 이유는 풍성하고 편안한 목소리를 내기 위해서이다. 소리의 출발점이 아랫배가 되어야 한다. 처음에는 복근에 힘을 주고 '쓰~' 하고 바람을 빼는 연습부터 해본다. 공기를 빼는 연습이 되었다면 이후 아랫배에서 소리를 끌어올린다는 생각으로 아랫배를 집어넣으며 '아~' 하고 소리를 낸다. 입으로 들어간 공기를 뱃속까지 한껏 들이마셨다가 그것을 내쉬는 힘을 이용해 말을 뱉어야 한다. 그러면 말을 할 때 호흡이 끊기는 일이 없다. 입을 닫은 채 숨을 채우고 다시 입을 벌려 말을 하면 말의 흐름이 끊기고 말을 밀어내는 힘이 약해질 수밖에 없다.

소리는 자신이 낼 수 있는 가장 낮은 소리를 내는 것이 좋다. 저음을 낼 수 있어야 문장에서 톤의 변화 없이 자연스러운 말투를 구사할 수 있다.

5. 소리를 10초 이상 유지하기

이제 발성 연습을 가미해야 한다. 배에서 낸 소리를 10초 이상 길게 연결한다. 가장 안정적인 저음으로 '아~' 하는 소리를 길게 유지하여 뱃속의 공기를 천천히 빼도록 한다. 소리를 내는 동안 공기가 다 빠져나가고 풍선처럼 부풀었던 배가 홀쭉해진다. 공기가 빠져나가는 동안 소리가 작아지지 않도록 유지해야 한다. 처음에는 4초 정도로 시도하고, 잘 되면 8~10초 이상 늘려본다. 긴 소리를 유지할 수 있어야 또렷하고 안정감 있는 목소리로 오랫동안 말할 수 있다.

●● 복식 호흡의 기본 자세

복식 호흡의 순서와 방법을 알았다면 이제 본격적인 훈련으로 들어가야 한다. 앉거나 서서 시작해도 좋지만, 공간이 허락된다면 누워서 시도하는 것이 원리를 이해하는 데 가장 큰 도움이 된다. 중요한 것은 충분한 스트레칭이 필요하다는 것이다. 입과 바만 쓰는 것이 아니라 평소 일상에서 불안정했던 자세도 풀어야 한다. 등과 목, 어깨를 바르 세우고 시작해 보자.

컴퓨터를 하거나 책을 읽을 때 몸이 말려 있는 경우가 많다. 등이 펴지지 않으면 폐가 팽창할 수 없다. 몸을 꼿꼿하게 세우기 위해서는 등을 펴주어야 한다. 이때 주의할 점은 허리가 너무 안으로 들어가지 않도록 해야 한다는 것이다. 허리가 안으로 들어가면 통증이 생겨 호흡에 집중할 수 없다.

등이 말려 있는 경우 대부분 어깨도 함께 굽어 있다. 어깨가 긴장하고 있다면 호흡을 할 때 폐로 공기가 들어가지 못하도록 몸을 압박하게 된다. 이때 어깨를 귀 가까이 올렸다가 동그랗게 말아 뒤로 보내주도록 한다. 어깨가 열리면 갈비뼈가 벌어지며 숨이 배로 깊숙이 들어갈 수 있도록 돕는다. 등과 어깨를 바로 잡았다면 목을 뒤로 보내야 한다.

흔히 거북목처럼 목이 앞으로 나온 경우가 있다. 이럴 땐 앞으로 쏠려 있는 무게중심을 뒤로 보낸다는 생각으로 목을 뒤로 보내주어야 한다. 목을 뒤로 보낼 때 턱을 당기고 시선을 정면으로 향하도록 한다. 등과 어깨를 펴고 목이 뒤로 넘어간 상태로 턱을 당기면 시선이 아래로 향할 수 있다. 말과 호흡은 많은 에너지가 들어간다. 시선이 아래를 향하고 있다면 자연스럽게 에너지도, 호흡도, 말도 가라앉을 수밖에 없다. 호흡과 소리를 멀리 쏘아 던진다는 마음으로 시선이 정면을 응시하도록 한다.

이제 복식 호흡이 잘 되는 자세를 만들었다. 지금부터 편한 자세로 복식 호흡을 시작해 보자.

1. 의자에 앉아서 하는 법

책상 앞에 앉아 있을 때나 텔레비전을 보면서 할 수 있는 호흡법이다. 의자에 앉아 한 손을 가슴에, 다른 한 손을 배꼽 부분에 놓는다. 가슴에 손을 얹는 이유는 호흡 시 가슴이 움직이는지 확인하기 위해서이다. 배 부분의 다른 손으로는 호흡 시 배의 움직임을 상세히 느껴본다.

코로 숨을 천천히 들이마셔서 모든 공기를 단전에 모이게 한다. 중요한 것은 공기를 모두 아랫배로 내려가게 해야 한다는 것이다. 단전에 숨을 넣고 참는 연습을 하면서 천천히 내뱉는다. 처음에는 10초를 유지하고 이후 시간을 늘려가면서 반복적으로 연습한다.

2. 서서 하는 법

턱을 당기고 등을 곧게 편 뒤 어깨 힘을 빼고 두 발은 어깨너비로 벌리고 선다. 양손을 단전(배꼽 아래 약 5센티미터)에 올리고 아랫배가 부풀도록 코로 숨을 쉰다. 들이마실 때는 4초, 내쉴 때는 8초를 하루 10~15회 정도 한다. 이때 어깨와 가슴이 위로 올라가지 않도록 주의한다.

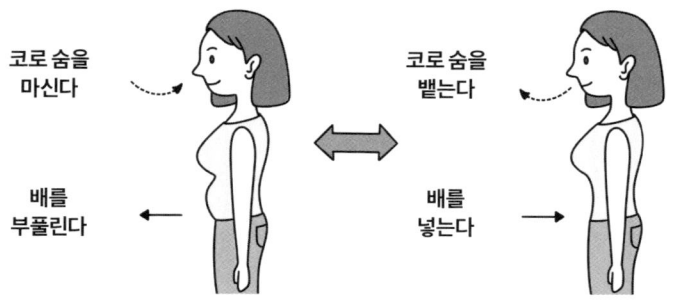

3. 누워서 하는 법

복식 호흡은 누운 자세로 하는 것이 가장 쉽다. 바닥에 반듯이 누워 숨을 천천히 들이쉬면서 아랫배를 부풀린다. 모인 호흡을 천천히 입으로 내쉬며 배를 수축시킨다. 서서 하는 복식 호흡과 마찬가지로 들이마실 때는 4초, 내쉴 때는 8초를 하루 10~15회 정도 한다. 이때 호흡이 잘 느껴지지 않는다면 배 위

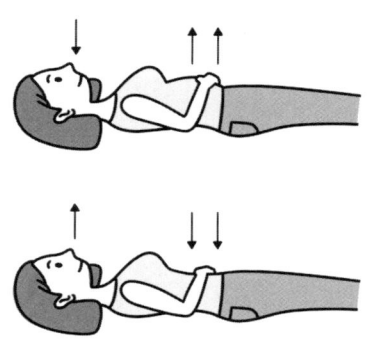

에 책을 올려놓고 움직임을 느껴보는 것도 효과적이다.

복식 호흡의 원리를 배워도 막상 말을 하면 흉식 호흡으로 되돌아가는 경우가 많다. 머리와 몸이 자로 움직이는 것이다. 그래서 머리가 아닌 몸으로 복식 호흡을 익히는 것이 중요하다. 우리 몸의 근육은 자체 신경을 통한 놀라운 기억력이 있다. 내 몸이 자동 반사적으로 움직일 때까지 연습해 보자. 돋의 기억은 머리의 기억보다 오래간다. 수영이나 자전거처럼 복식 호흡도 한번 익히면 평생 다시 배울 필요가 없다. 하지만 단 몇 번의 시도로 복식 호흡이 완벽해질 수는 없다. 그러므로 일상생활의 일부분으로 삼고 꾸준히 연습하는 것이 좋다. 엘리베이터를 기다리거나, 버스와 지하철에서 서 있거나, 텔레비전을 보거나 잠들기 전 등 매일 몇 분씩이라도 꾸준히 해보는 것이 좋다.

●● 복식 호흡으로 소리 내기

복식 호흡을 가르치면 수강생들의 반응은 대부분 비슷하다. 어느 순간 환희에 차서 "되었어요!"라고 한다. 자전거를 배우는 것처럼 복식 호흡을 연습하면 어느 순간 완성된다. 복식 호흡을 배우는 이유는 발성을 잘하기 위해서이다. 복식 호흡이 조금씩 익숙해 진다면 말을 내뱉는 연습을 해야 한다. 마시는 호흡을 점차 줄이고 뱉는 호흡을 길게 가져가는 것을 염두에 두고 시작해 보자.

어깨와 목에 힘을 빼고 양손을 배 위에 올려놓는다. 턱은 당기고 코로만 숨을 들이마시고 배에 숨을 가득 채운다. 순간에 배를 수축시키고 힘을 준 상태에서 "아!" 하고 내뱉는다. 이 같은 과정을 5회 이상 반복한다.

- 아! 아! 아! 아! 아! (1초간 5회 반복)

다음에는 코로 숨을 들이마신 후 입을 크게 벌리고 "하~" 하고 소리를 바꾸고 3초씩 5회 소리를 내어본다. 어렵더라도 진행이 된다면 이번에는 소리를 길게 내 5초간 유지하는 발성훈련을 같은 방법으로 반복해 본다.

- 하~~ 아~~ 하~~ 아~~ (3초간 5회 반복)
- 하~~ 아~~ 하~~ 아~~ (5초간 5회 반복)

누운 자세에서는 조금 더 길게 시도해 보자. 누워서 양손을 배 위에 올려놓고 "후~" 하고 호흡을 내쉰다.

- 5초간 들이마시고 2초간 멈추고 7초간 내쉰다.

- 2초간 들이마시고 4초간 멈추고 10초간 내쉰다.
- 빠르게 들이마시고 내쉬기를 반복한다.
- 후~~후~~ 후~~ 후~~ 후~~

앞의 과정을 한 음절씩 짧게 반복하여 발성한다. 한 음절마다 한 번씩 복식 호흡을 이용해서 배를 부풀리고 내쉬기를 반복한다. 연습할수록 소리에 힘이 생기고 자연스러워진다.

- 아-아-아-/에-에-에- /이-이-이- /오-오-오- /우-우-우-
- 아-에-이-오-우-/아-에-이 -오-우 (2회 반복)

나 역시 복식 호흡이 어려워 전전긍긍했던 시간이 있었다. 하지만 몇 개월의 연습 후에는 크게 신경을 쓰지 않고도 자연스럽게 호흡과 발성을 할 수 있었다. 초반에 별다른 변화가 없다고 실망하지 말고 꾸준히 연습을 지속하면 된다. 연습 방향이 맞는다면 속도는 중요치 않다. 힘들다고 멈추면 안 된다. 하루 30분, 혹은 10분이라도 무조건 연습을 해야 한다. 그러다 보면 어느 순간 중저음의 매력적인 목소리를 내는 자신을 발견하게 될 것이다.

03

정확성을 높이는
스타카토 발성법

opportunity + job & work + tomorrow

●● 좋은 목소리에는 힘이 있다

"취업 준비생인데, 어느 순간부터 목소리가 작아졌습니다."
"주변에서 제 말을 못 알아듣겠다는 반응이 많습니다."
"아무리 소리를 크게 내려 해도 주변 소리에 묻혀버려요.
 당장 면접이 가장 큰 걱정입니다."

젊은 세대가 가지고 있는 말에 대한 공통된 고민이다. 전화 통화보다 문자메시지를 더 많이 쓴다. 회사에서도 메신저를 이용한다. 자연스레 텍스트가 말보다 더 편하다. 이른바 전화 포비

아, 대화 포비아의 시대이다.

남녀를 막론하고 작고 패기 없는 목소리, 입안에만 멈도는 답답한 음성으로 고민하는 분들이 많다. 뒤집어보면 명확한 목소리를 가지고 제대로 말할 줄 아는 사람이 성공으로 가는 지름길에 서 있다는 의미이다. 확고한 목표를 가진 사람이라면 힘 있고 단단한 목소리가 필요하다.

단단한 목소리는 긴장과 떨림을 잡아준다. 긴장하고 있을지라도 듣는 사람은 알아차릴 수 없게 하는 힘은 건강한 발성법에서 나온다. 간단한 목소리는 말하기에 대한 불안은 물론 발표, 연설 등에 대한 두려움도 극복하게 한다. 단단한 목소리를 만들기 위해 스타카토 발성법을 연습해 보자.

•• 스타카도 발성이 단단한 목소리를 만든다

스타카토(staccato)는 음악에서 음을 하나씩 짧게 끊어 연주하는 방법이다. 발성법에서도 마찬가지이다. 스타카토 발성은 모음을 하나씩 짧게 끊어 강하게 발성한다. 호흡을 깊게 들이마시고 한꺼번에 힘 있게 내보낸다. 들어온 호흡을 한 번에 다 쏟는다는 느낌으로 연습하도록 한다.

목소리는 자신이 낼 수 있는 최대한의 소리를 낸다. 스타카토 발성은 호흡이 짧은 사람에게 특히 효과가 있다. 호흡량이 커지고 강해지며 한 번에 마시고 뱉기 때문에 불규칙적인 호흡을 개선할 수도 있다.

1. 스타카토 발성 연습하기

스타카토로 소리 발성을 만들 때는 숨을 마시고 저음으로 '아!' 하는 소리를 짧고 강하게 낸다. '아'는 한 호흡에 한 번씩 총 5회를 반복한다.

피아노 악보에서 스타카토 표시가 있으면 한 박자 음표 전에 반 박자로 짧게 친다. 마찬가지로 스타카토 발성을 할 때는 숨을 한 번에 짧고 강하게 쏟으면서 배로 소리를 내지른다. 스타카토 발성 순서는 다음과 같다.

> ○ **스타카토 발성법**
> 턱 열어주기 → 숨 마시기 → 아랫배에 숨 채우기 → 저음으로 배에서 소리 내기 → '아'를 2초에 한 번씩 하기

맨 처음에는 한 음절씩 연습해 보자. 2초에 한 번씩 숨을 마시고 '아'를 반복하다 이후 횟수를 늘려가며 연습한다. 이때 충분히 배에 공기를 채우고 소리를 내면 배 안에 있었던 공기가 모두 빠져나가면서 반동으로 가슴이 튀어오르는 것을 느끼게 된다.

- 아!
- 아! 아!
- 아! 아! 아!
- 아! 아! 아! 아!
- 아! 아! 아! 아! 아! (5회 반복)

'아' 소리가 연습이 되면 '어'와 붙여서 반복해 본다. 이때 '아'의 입 모양은 손가락이 3개 정도 들어갈 정도로 크게 벌려준다. '어'는 2개의 손가락 크기면 충분하다.

- 아 / 어
- 아 어 / 어 아
- 아 어 아 / 어 아 어
- 아 어 아 어 / 어 아 어 아 (5회 반복)

연이은 소리를 10번 정도로 교대하여 반복하면서 목소리에 힘을 길러보자.

- 아 아 아 가 아 아 아 아 아 아
- 어 어 어 거 어 어 어 어 어 어

- 아 아 아 아 아 아 아 아 아 아
- 어 어 어 어 어 어 어 어 어 어 (5회 반복)

각 음절의 길이를 늘이는 것이 아니라 횟수를 더해서 훈련해 보자. 이후 한 음절당 1초씩 소리를 내면서 단계별로 음절 횟수를 늘려가면 된다. 횟수를 늘리면 입의 근육을 반복해서 사용하게 된다. 그러면 명확하게 발음하고 발성하는 데 좋은 훈련이 된다. 이같이 기본기를 익힌 후 목소리에 표현할 수 있는 기술을 더하면 말하는 내용의 전달력을 높이는 데 효과적이다.

2. 스타카토 단문 연습

스타카토 발성을 활용해서 다음 단문을 읽는 연습을 해본다. 처음에는 한 음절씩 끊어서 연습한다. 충분한 훈련이 된 후에는 실제 말하듯이 자연스럽게 실습해 본다. 끊어서 발성하다가 말하듯이 했을 때 목소리에 힘이 조금 더 생겼다면 성공이다.

안 녕 하 십 니 까?
→ 안녕하십니까?

발 성 을 훈 련 하 고 있 는 ○ ○ ○ 입 니 다.
→ 발성을 훈련하고 있는 ○○○입니다.

오늘의 주제는 성공적인 발표를 위한 핵심 키워드 발굴입니다.
→ 오늘의 주제는 성공적인 발표를 위한 핵심 키워드 발굴입니다.

지금부터 발표를 시작하겠습니다.
→ 지금부터 발표를 시작하겠습니다.

(3회 반복)

말끝이 흐려지지 않고 분명하게 소리가 나왔다면 힘이 생겼다는 증거이다. 성량이나 힘은 체형과는 크게 상관없다. 차분한 마음으로 연습해 보자.

3. 스타카토 발성 체크리스트

스타카토 발성을 어려워하는 사람들이 많다. 하지만 몇 가지 주의사항만 기억하고 연습하면 목소리에 힘이 달라지는 것을 느낄 수 있다. 복식 호흡을 동반하여 배의 움직임을 확인하면서 다음 사항을 확인해 보자.

- 저음을 으지하고 있는가?
- 속도가 빠르지 않은가?
- 소리를 낼 때 가슴이 나오고 있는가?
- 턱이 벌어져 있는가?

- 숨이 다 빠져나갈 때까지 배에 힘을 주고 있는가?

스타카토 발성은 저음으로 연습하는 것이 중요하다. '아!' 소리를 연이어 내면 점점 톤이 올라가는 경우가 있다. 평소 고음으로 말하는 사람들이 특히 조심해야 하는 부분이다. 고음으로 스타카토 발성을 하면 목이 쉽게 아프다. 소리는 배에서부터 저음으로 나가도록 하고 소리를 바닥에 내려놓는다는 생각으로 낮은 음성으로 낸다. 평소 말이 빠르다면 천천히 소리를 내어보는 편이 좋다. 숨을 마실 때 충분한 양을 들이키고 소리를 빠르게 내뱉어야 한다.

손의 위치는 한 손은 가슴에, 다른 한 손은 배에 둘 것을 권한다. 이는 복식 호흡을 제대로 하고 있는지, 가슴이 올라오는 흉식 호흡의 실수를 하는 것은 아닌지 확인하는 방법이다.

스타카토 발성은 숨을 재빨리 마시는 법을 연마하게 해준다. 복식 호흡 발성이 한 문장을 여유 있게 구사하는 데 도움을 준다면, 스타카토 발성은 단락 전체를 안정적으로 말하는 데 도움을 준다. 복식 호흡과 스타카토 발성법을 함께 연습해야 목소리가 맑고 선명해진다.

•• 스타카토 발성법의 기본은 '소리 던지기'

스타카토 발성법은 힘 있고 단단한 소리를 내는 방법이다. 어느 강사는 초등학생들을 대상으로 발성법을 가르칠 때 '로켓 발성법'이라 이름 짓고 설명한다고 한다. 초등학생들은 복식 호흡의 원리와 배의 수축, 이완 등을 설명해도 이해하기 어렵다. "자, 이제부터 우리 몸이 로켓이 되었다고 생각하는 거에요! 배에 힘을 주고 로켓이 '슝' 하고 발사되는 흉내를 내어보아요!"라고 설명하자 분위기가 좋아졌다고 한다. 특히 반장이나 회장 선거에서 연설을 준비하는 학생들에게는 목소리 변화와 함께 자신감도 쑥쑥 올라가게 되었을 것이다.

"내 소리를 과녁에 쏘아 맞힌다."

나는 강의를 할 때 스타카토 발성법의 기본은 '소리를 과녁에 쏜다.', '소리를 공처럼 던진다.' 등의 개념이라고 설명한다. 야구 투수처럼 공을 던지는 것과도 유사하다. 실제 투수처럼 공을 던지는 흉내를 내며 소리를 내보기도 한다. 한쪽 팔을 들고 첫 음을 낼 대마다 공을 던지는 흉내를 낸다. 손보다 어깨에 힘을 주고 귀 옆까지 팔을 올린 상태에서 목소리를 뭉쳐 공으로 만든 뒤 전력투구하는 동작이다. 그렇게 공을 던지며 한 음절씩 소리를 내어본다.

- **아!** 아! 아! 아! 아!
- **안**녕하십니까? **반**갑습니다.
- **저**는 지원자 OOO입니다.
- **여**러분, **안**녕하세요.

한 음절씩, 문장의 첫음절을 가상의 목소리인 공에 담아 전력 투구를 해본다. 연습에 연습을 거듭하다 보면 어느 타자도 쳐 낼 수 없는 강한 볼처럼 주변의 소음과 방해에도 굴절 없이 전달되는 시원한 목소리가 될 것이다.

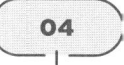

긴 호흡으로 말하기

opportunity + job & work + tomorrow

●● 숨을 길게 내쉴수록 음성이 풍성해진다

안녕하세요, 반갑습니다.
지금부터 한 호흡에 한 글자도 틀리지 않고 말하기,
정확하게 하기, 한 호흡 챌린지를 시작하겠습니다.
도대체 이 걸 왜 하느냐? 이렇게 하면
말하기의 유연성을 키울 수 있기 때문인데요.
말하기의 유연성이란 말하기를 버벅거리지 않고
자연스럽고 유연하게 말할 수 있는 능력을 일컫는 말인데요.
보통 말하기를 잘하는 사람들이 말하기 유연성이 좋은 사람입니다.
그리고 호흡이 길어지면 길어질수록
안정감 있는 목소리도 낼 수가 있죠.
여러분도 한번 도전해 보시기 바랍니다.
지금까지 말하기 한 호흡 챌린지였습니다. 감사합니다.
— MBC 아나운서국 유튜브 채널, 〈뉴스는 안 하니?〉 중에서

  총 289자, 9문장으로 연결된 문장을 끊어보면 14~15개로 나눌 수 있다. 틀리지 않고 읽기도 어렵지만, 숨을 참고 말하는 것은 말 그대로 챌린지이다. 해당 영상에 11명의 아나운서가 도전했다. 두 호흡에 성공한 아나운서가 한 사람이었고, 대부분이 3~4번 호흡에서 마무리했다. 국민 배우 이순재 씨는 88세의 고령에도 불구하고 연극 〈리어왕〉에서 4분간 긴 대사를 막힘없이 쏟아냈다. 말하는 게 직업인 아나운서는 방금 들어온 속보도, 어렵고 복잡한 뉴스도 편안하게 호흡하며 자연스럽게 읽는다. 배우들 역시 독백이나 긴 대사를 할 때 감정연기까지 더해 관객에게 명확하게 전달한다. 배우와 아나운서 모두 발성에 능숙한 사람들이다. 게다가 성량도 깊고 크다.

  여기서 한 가지 더 놀라운 것은 이들이 말하는 동안 어깨와 가슴이 들썩거리지 않는다는 사실이다. 만약 이들이 어깨와 가

숨이 움직였다면 흉식 호흡을 했다는 뜻이다. 흉식 호흡으로 말하면 몸 속에 숨이 부족해진다. 심장박동도 빨라지고 주기적으로 숨을 다셔야 하므로 말하는 동안 목소리에 힘도 없다. 결국 발성이 능숙한 사람이나 풍성한 성량을 가진 사람들은 모두 복식 호흡을 하고 있다는 뜻이다.

복식 호흡은 '심호흡'처럼 깊게 들이마시고 한 번에 '후~' 하고 내뱉는다. 이같이 우리가 '발성'을 할 때도 숨을 '오래, 일정한 속도로 내뱉는 것'이 중요하다. 팔굽혀펴기와 마찬가지로 '10초 동안' 일정한 속도로 내뱉는다. 이 단계가 쉬워지면 15초, 20초까지 시간을 늘리면 된다. 숨을 길게 내쉴수록 풍성한 음성을 만들 수 있다.

●● 복식 호흡 문장 연습

1. 짧은 문장 연습하기

짧은 문장부터 연습해 보자. 일상에서 자주 쓰는 문장부터 숨을 들이마시고 내쉬면서 반복해서 연습한다. 12~15초면 한 문장을 표현하는 데 충분하다. 먼저 생활에서 사용하는 한 어절부터 시작해 보자. 4초 정도 들이마시고 내뱉으면서 소리를 내어본다.

짧은 문장의 첫 연습은 '안녕하세요.'로 시작하는 것이 좋다. 이때 처음부터 '안녕하세요.'라고 말하기보다 복식 호흡의 발성으로 '아~'를 소리 내어 만들어놓고 문장을 읽어본다.

- 아~ 안녕하세요.

저음을 유지하며 미리 복식 호흡으로 숨을 마신 상태에서 '아~ 안녕하세요.'까지 이어서 소리를 연결하는 것이다. 복식 호흡 발성으로 '아~아~아~아~아~' 다섯 음절을 이어가며 끝까지 소리를 낸다. 이때 소리의 크기와 톤, 음성이 작아지지 않도록 주의해야 한다. 중요한 것은 한 호흡으로 연결해서 말하는 것이다. 익숙해질 때까지 손을 배에 올려두고 마지막까지 배가 점진적으로 들어가는지 확인해야 한다. 이어 짧은 문장을 바꾸어가며 연습해 본다.

- 반갑습니다.
- 알겠습니다.
- 고맙습니다.

한 호흡에 쉬지 않고 읽는 것이 가능하다면 어절을 늘려볼 것을 권한다. 이때 열정과 신념을 줄 수 있는 문장이면 더욱 좋다.

- 나는 자신감이 넘친다.
- 오늘도 목표를 향해 도전한다.
- 인생은 믿는 대로 이루어진다.
- 실수는 누구나 할 수 있는 것이다.

복식 호흡으로 발성 연습을 하는 이유는 배로 말하기 위해서이다. 말할 때마다 숨을 마시고 배로 말할 수 있어야 한다. 짧은 문장을 연습할 수 있다면 한 호흡에 두 문장을 읽어보는 연습까지 확장할 수 있다. 준비된 문장을 모두 말할 때까지 숨을 끊지 않겠다는 각오로 훈련해 보도록 한다.

2. 긴 문장 연습하기

짧은 문장이 가능해졌다면 이제 긴 문장에 도전해 보자. 긴 문장일 경우 어디에서 끊어 읽기를 할 것인지 표기해 두는 것이 좋다. 보통 마침표와 쉼표에서 쉬어 가는 것이 좋다. 짧은 문장을 읽듯 숨을 들이마시고 끊어 읽는 단위로 한 호흡으로 말해본다. 호흡의 양이 늘어나면서 호흡과 말을 붙여가며 연습할 수 있다.

- 목소리가 좋고 말하기가 능숙한 사람은
  (숨) 누군가를 만날 때 자신감을 가지고 시작할 수 있다.
  (숨) 대화를 할 때도 말의 핵심을 잘 전달하여
  　　중요한 요소마다 자신이 원하는 부분을 강조할 수 있다.
  (숨) 좋은 목소리는 호흡과 발성, 발음과 공명을 통해 만들어진다.

긴 문장으로 호흡을 늘리는 것도 좋지만, 중요한 것은 단문을 사용하는 것이다. 문장이 길면 한 번 마신 숨으로 다 말하기 어렵다. 숨이 차고 말이 빨라지면서 침이 고인다. 그러면 말하다 침을 꼴깍 삼키게 되는데, 혓바닥이 입천장에 빠르게 떨어지면서 '쩝' 하는 소리가 나기도 한다. 마침표에서 침을 삼켜야 하므로 단문을 쓰는 습관이 중요하다.

MBC 아나운서의 한 호흡 챌린지 5문장을 일반인의 수준에 맞게 단문으로 쪼갤 수 있다. 똑같은 내용을 긴 문장과 짧은 문장으로 바꾸어 소리 내어 읽어보자.

- 지금부터 한 호흡에 한 글자도 틀리지 않고 말하기, 정확하게 하기, 한 호흡 챌린지를 시작하겠습니다. 도대체 이걸 왜 하느냐? 이렇게 하면 말하기의 유연성을 키울 수 있기 때문인데요. 말하기의 유연성이란 말하기를 버벅거리지

않고 자연스럽고 유연하게 말할 수 있는 능력을 일컫는 말인데요. 보통 말하기를 잘하는 사람들이 말하기 유연성이 좋은 사람입니다. 그리고 호흡이 길어지면 길어질수록 안정감 있는 목소리도 낼 수가 있죠.

- 지금부터 한 호흡 챌린지를 시작하겠습니다.
한 호흡에 한 글자도 틀리지 않고 말해야 합니다.
그리고 정확하게 말해야 합니다.
도대체 이걸 왜 하느냐? 이유가 있습니다.
말하기의 유연성을 키울 수 있기 때문인데요.
말하기의 유연성이란 말하기를 버벅거리지 않는 것입니다.
자연스럽고 유연하게 말할 수 있는 능력을 말합니다.
보통 말하기를 잘하는 사람들이 말하기 유연성이 좋은 사람입니다.
호흡이 길어지면 길어질수록 안정감 있는 목소리도 낼 수가 있죠.

5문장일 때보다 9문장일 때 숨 쉴 포인트가 늘어난다. 단문으로 말하면 잘 들리기 때문에 상대방이 이해하기도 쉽다. 마지막 글자까지 힘 있게 말할 수 있어 말투도 간결하게 느껴진다.

3. 즉흥 스피치와 복식 호흡을 동시에

문장 연습이 되었다면 즉흥 스피치, 즉 일상대화에서도 복식 호흡을 시도할 수 있다. 연습 상대가 있으면 좋다. 친구도 좋고, 가족도 좋다. 말하기 전에 숨을 들이마시고 말한다. 이때 세 가지를 기억해야 한다.

- 의도하지 않은 도둑 호흡을 조심하자.
- 대화 내용을 미리 생각해 두자.
- 정확히 마시는 데 집중하자.

첫째, 의도하지 않은 도둑 숨, 즉 말하는 중간 '헥~' 하고 쉬는 무의식적인 호흡을 조심해야 한다. 단어와 단어 사이에 들이쉬는 짧은 숨은 흉식 호흡을 하게 만든다.

둘째, 대화 내용을 미리 생각해 두자. 말할 내용이 생각나지 않을 경우 순간 '하' 하고 흉식 호흡으로 돌아가게 된다. 말할 내용이 생각나지 않더라도 잠시 숨을 고르고 한 번에 말할 수 있도록 한다.

셋째, 정확히 마시는 데 집중하자. 대화의 내용이나 말을 잘 하려는 데 신경을 쓰지 않고 오로지 호흡 방법에 집중하는 것이 좋다.

발성 연습 초기에는 복식 호흡을 길게 유지하는 게 쉽지 않다. 이럴 때는 목표치를 정하는 것이 좋다. 자신의 소리에 시간을 재어보는 것이다. 10초 미만이면 호흡이 짧다고 볼 수 있다. 긴 호흡을 유지하기 위해서는 10초 이상의 소리를 지속할 수 있어야 한다.

발성 연습을 할 때는 큰 소리를 밖으로 던지고 '아~'를 10초 이상 유지하는 긴 호흡이 중요하다. 발성과 호흡, 성량이 갖추어질 때 긴 문장에서도 끝까지 소리를 내는 힘이 생긴다. 지속적인 연습으로 호흡을 길게 만들 수 있다.

> One Point Lesson 1

노력으로 목소리를
만든 사람들

보통 사람의 목소리는 유전 또는 타고난 것으로 생각하기 쉽다. 하지만 여기에 노력을 더하면 바꿀 수 없을 것 같던 목소리를 새로 얻을 수 있다. 훈련을 통해 하이톤의 목소리를 중저음의 목소리로 바꾼 배우가 있다. 한 번쯤은 ASMR로 들어보고 싶은 목소리……. 배우 이도현은 금방이라도 마음이 차분해지는 '꿀 보이스'라는 별명을 가지고 있다.

  182센티미터의 큰 키에 훈훈한 얼굴, 의외의 예능감, 운동에 춤 실력까지 갖춘 이도현의 매력 포인트 중 하나는 바로 중저음의 목소리이다. 그런데 그의 목소리에 숨겨진 비밀이 있다. 타고난 것으로 생각하기 쉬운 그의 목소리가 사실은 노력과 훈련을 통해 만들어진 결과물이었다는 것이다.

"그전에는 목소리가 이렇게 낮지 않았거요.
조금 쨍한 목소리였어요.
훈련을 통해 많이 낮아졌는데, 저도 신기하더라고요."

데뷔 초 그는 하이톤의 목소리를 가지고 있었다. 하이톤의 목소리도 물론 나름대로 귀엽고 활기찬 매력이 있지만, 중저음까지 소화 가능하다는 것은 배우로서 크나큰 장점이다. 그만큼 표현할 수 있는 영역이 넓어지기 때문이다.

도대체 어떤 노력을 했길래 그렇게 좋은 목소리를 만들 수 있었을까? 고등학교 때부터 혼자 발성 연습을 한 그가 공개한 비법은 바로 '개 호흡법'이다. 더운 날 강아지가 숨을 쉬는 것처럼 혀를 내밀고 '헤! 헤! 헤! 헤!'를 반복하는 것이다. 이 역시 횡격막과 복근을 자극하는 일종의 복식 호흡법이라 할 수 있다.

중저음 목소리를 얻기 위한 배우 이도현의 노력은 제대로 빛을 발하고 있다. 최근 여러 작품에서 진중한 역할을 맡으며 주연급 배우로 성장했기 때문이다.

발성, 목소리 훈련이 잘되는 사람에게는 두 가지 특성이 있다.

첫 번째 특징은 자신에게 맞는 발성법을 찾아 제대로 연습하고 있다는 점이다. 세계적인 성악가 조수미 역시 정상의 자리에서도 매일 연습하며 최상의 소리를 유지하고 있다. 배우 이청아의 경우 자신이 평소 내는 목소리의 톤을 찾아 성공한 경우이다. 그녀는 여배우 특유의 생기발랄한 목소리 대신 저음으로 발성 연습을 하고 있다. 아역배우 출신 진지희도 플랭크 자세로 어려운 문장을 읽는 등 목소리에 힘을 기르는 발성 연습을 쉬지 않는다. 영화배우 이소룡은 "나는 만 가지 발차기를 한 번씩 연습한 사람보다 한 가지 발차기를 만 번씩 연습한 사람이 더 무섭다고 생각한다."라고 말했다. 자신에게 가장 잘 맞는 발성 연습을 찾아 제대로 소리를 내도록 꾸준히 연습해 보자.

목소리 훈련이 잘되는 사람의 두 번째 특징은 메타인지가 잘된다는 것이다. 메타인지란 발달심리학자 존 플라벨(John Flavel)이 만든 용어로 자신의 생각에 대해 판단하는 능력을 말한다. 자신이 학습한 부분에 대해 얼마만큼의 지식과 능력을 지녔는지 알고 이에 대한 이해 정도를 인지하는 것이다. 최종적으로 습득한 지식 중 나에게 맞는 방법을 선택하는 능력까지 포함한다.

메타인지가 높으면 목소리가 어떻게 달라졌는지, 소리가 어디에서 나는지, 힘을 잘못 쓰고 있는 건 아닌지 등 자신의 목소리 문제를 즉시 파악할 수 있다. 한편 메타인지가 부족하면 목소리에서 잡음이 계속 들린다. 문제를 빨리 인식하지 못해서 힘을 쓰거나, 성대에 문제가 생길 때까지 인지하지 못하는 경우도 발생한다. 발성과 호흡이 과하게 긴장되어 소리가 나가지 않는 상태에서 힘을 주고 쥐어짜거나, 노래를 부르면서 음정과 관계없이 성량을 키우려고 소리를 지르기도 한다.

말하기를 가르치는 많은 전문가가 각자의 노하우를 쉽게 전달하기 위해 애쓰고 있다. 이름은 다르지만 거의 비슷한 원리이다. 중요한 것은 훈련하는 사람이 발성의 원리를 제대로 이해하고 호흡을 잘 기억하면서 자신만의 목소리를 찾아가는 데 게을리하지 않아야 한다는 점이다.

One Point Lesson 2

내 목소리를
지키는 노하우

목소리 관리를 위한 특별한 비법은 없다. 다만 숨을 쉬는 데 필요한 신체 기관에 문제가 되는 습관을 줄이는 것이 중요하다. 긴장하는 근육을 풀어주고, 성대를 보호하는 생활습관을 기억해 두자.

턱 내리기

턱 내리기는 한 마디로 어금니에 힘을 빼는 것이다. 일반적으로 말할 때 무의식적으로 힘을 주고 있는 것이 어금니이다. 발성할 때 턱을 벌리지 않고 이야기하는 사람들이 많다. 이런 사람들은 어금니를 위아래로 떼는 연습이 필요하다. 발성의 기본은 입을 제대로 벌리는 것이다. 이때 턱을 내리는 훈련이 도움이 된다.

양손을 양쪽 귀 옆에 두고 '하아~' 하는 소리를 내며 인위적인 힘으로 턱을 벌려준다는 느낌으로 쏟아내린다. 목구멍 동굴을 만들기 위해 어금니에 사탕을 문 것처럼 입을 벌리는 것이나 어금니에 연필을 무는 훈련 모두 같은 원리이다. 이렇게 하면 어금니와 턱의 긴장도 풀릴 뿐 아니라 입안의 공간을 넓힐 수 있다. 턱을 내리고 소리를 내는 연습이 숙달되면 소리가 나오는 위치와 방향까지 가늠할 수 있다.

후두 마사지
....

후두는 목의 중앙부에 위치하는 기관으로 호흡과 발성의 기능을 수행한다. 남성은 후두의 갑상연골이 튀어나와 휜 중앙부가 더 많이 구부러져 앞으로 돌출되기 때문에 여성의 후두보다 더 두드러져 보이는데, 이를 아담스 애플(Adam's apple)이라고 부른다.

후두 마사지는 목소리의 과도한 사용과 조이는 발성으로 목에 긴장이 많은 사람에게 효과적이다. 후두를 직접 만지는 것보다 목을 돌리는 방법으로 이해하면 된다. 양손을 가슴에 얹고 입을 벌린 채 목을 뒤로 돌리면 되는데, 이때 어깨를 덜어뜨리는 것이 좋다. 목을 돌리는 것이 발성과 무슨 상관이냐고 생각할 수 있지만, 목을 돌리지 못해 후두가 굳어 발성이 어려운 경우도 많다. 평소 목 돌리기를 통해 긴장된 후두를 풀어주면 발성에 도움이 된다.

헛기침하지 않기

중요한 발표나 면접을 앞둔 상황에서는 입안이 바싹 마른다. 목에 무엇인가 걸린 듯한 이물감이 들 때도 있다. 이 경우 대부분 가장 먼저 하는 것이 헛기침이다. 헛기침은 목을 긁어내리는 것이나 다름없다. 기침은 성대의 섬세한 조직을 자극하면서 조음기관을 보호하는 점액을 없앤다. 점액이 부족하면 또다시 기침을 하는 악순환에 빠진다. 잦은 헛기침은 상처를 보호하는 딱지를 계속해서 떼어내는 것과 유사한 의미로 보면 된다.

　이때 물을 조금 들이켜 성대를 적시는 것이 좋다. 만약 물 한 잔조차 없는 면접 대기실이라면 혀끝을 아랫니 밑의 딱딱한 바닥에 대고 10초 정도 문질러보자. 음식이 들어온 것으로 판단한 뇌가 침샘을 자극해 마른입을 조금이나마 해소할 수 있다.

소리를 지르거나 속삭이지 않기

아무리 복식 호흡을 하고 힘 있는 소리를 내더라도 화가 났을 때 몸을 통제할 만큼 감정을 다스리기란 쉽지 않다. 과도하게 성대를 사용해서 무리가 가면 좋은 음성을 낼 수 없다. 목에 힘을 주며 고성을 지르거나 노래하는 것을 삼가고 주위 환경이 시끄러운 경우 대화를 피하는 것이 좋다.

  속삭이는 것 역시 성대에 무리를 준다. 본인의 자연스러운 목소리와 다른 음성 모방을 하지 않도록 하고, 음성의 강도뿐 아니라 발성 시간을 줄이는 것도 중요하다. 예를 들어 장시간 수다를 떨거나 전화 통화를 하는 습관이 있다면 고쳐야 한다. 강의, 연설, 수업 시에는 가능한 한 마이크를 사용하면서 목청을 높이지 않도록 주의해야 한다.

물과 친해지기

성대는 건조한 것이 제일 해롭다. 그러므로 성대가 건조해지지 않도록 충분한 수분을 섭취해 주어야 한다. 보통 하루 8잔 정도의 물을 마시는 것이 좋다. 건조한 방에서는 젖은 수건이나 가습기를 통해 방의 습도를 유지해 주도록 한다.

  성대를 촉촉하게 유지하기 위해 성대에 스팀 마사지를 하는 아나운서 선배들도 있다. 매일 아침 뜨거운 물로 샤워하며 수증기를 쐬거나, 전기포트에 물을 끓여 멀리서 증기를 들이키는 경우 있다. 이렇듯 성대를 촉촉한 환경에 두는 것만으로도 좋은 목소리를 내는 데 도움이 된다.

Chapter 3

사람이 달라 보이는 발음법

> Miracle Essay

발목 잡힌
발음의 문턱

한 지상파 방송국에서 창사 50주년 특별기획으로 〈신입사원〉이라는 프로그램이 제작되었다. 방송을 통해 아나운서를 뽑는 일종의 오디션 프로그램이었다. 수천 대 일의 경쟁률을 통과하는 아나운서 채용의 기회가 열렸다는 것도 의미가 있었지만, 현직 아나운서를 멘토로 얻을 수 있는 아주 특별한 기회이기도 했다. 유명세까지 얻을 수 있다는 점에서 케이블 방송 신입 아나운서나 아나운서 지망생들에게는 꿈의 기회였다.

많은 분이 나에게 참여를 권유했다. 정작 망설인 쪽은 나였다. 자주 발음이 뭉개져서 유학파냐, 교포 출신이냐는 이야기를 들어왔던

터라 주눅이 들어 있었다. 전 국민이 시청하는 방송 프로그램에 나가서 실수만 보여주지 않을까 걱정이 되었다. 물론 실력을 키우는 가장 좋은 방법은 실전에서 부딪히는 것이다. 그런데도 다른 아나운서 준비생보다 발음이 부족하다는 점이 계속 나의 발목을 잡았다. 아나운서 경력을 갖춘 선배는 물론 아나운서 지망생 동기도 지원하는 상황에서 끝까지 용기를 내지 못했다. 방송을 지켜보는 내내 '발음이 즈금만 교정되었더라면, 아니 적어도 교포 출신이냐는 이야기만 듣지 않았더라라면……' 하는 후회만 계속했다.

　비슷한 시기에 활동했던 장성규, 김대호 아나운서가 본선에 올랐다. JTBC 뉴스룸을 진행하는 강지영 아나운서는 유학생 출신에 신입이라는 공통점으로 나에게는 더 큰 부러움의 대상이 되었다. 고등학교와 대학교를 모두 외국에서 다닌 강지영 아나운서 역시 프로그램 초기 발음문제로 여러 번 지적을 받았다. 하지만 특유의 밝은 에너지와 간절한 의지 때문에 시간이 지날수록 눈에 띄는 성장세를 보였다. 매회 미션을 수행하는 과정을 지켜보면서 좋은 선배들로부터 배우고 열심히 연습하면 결국 프로가 될 수 있다는 사실을 시청자로서 확인하게 되었다.

누가 들어도 완벽할 때까지 발음 연습

발음은 연습하면 무조건 개선된다. 〈신입사원〉 프로그램에 지원하지 못한 아쉬운 마음을 뒤로하고 나는 발음 연습에 더 매진하였다. 용기를 내지 못한 자신에게 부끄럽지 않기 위해서는 연습만이 살 길이라는 생각이 들었다. 누가 보고 있지도 않았고, 시키지도 않았지만 오기가 생겼다. 아침에 눈뜨면 신문부터 읽어 내려가기 시작했다. 또박또박 자음에 신경 쓰면서 읽다보면 아침 시간은 금세 흘렀다. 매일 연습을 반복하면 속도가 붙고, 무엇보다 굳이 녹음하지 않아도 발음이 좋아진 걸 두 귀로 바로 느낄 수 있었다. 텔레비전 속 선배, 동료들의 모습을 지켜보며 연습을 거듭했다. 그들의 성장은 나에게 확실한 동기부여가 되었다.

지금도 아침마다 나만의 톤으로 책 읽기를 연습하며 목소리를 유지하기 위해 노력하는 중이다. 당시를 돌아보면 내 발목을 잡은 것은 발음이 아니라 부족한 용기가 아니었을까 생각한다. 조금만 용기를 내서 〈신입사원〉 프로그램에 지원했었더라면 지금의 나는 어디서 무엇을 하고 있을까 하는 재미있는 상상을 해보기도 한다. 이 경험을 토대로 무엇이든 꿈을 꾸고 있는 모든 분께 이야기하고 싶다.

"직접 부딪혀야 빠르게 발전할 수 있다는 것을!"

발음은
나의 얼굴이다

opportunity + job & work + tomorrow

●● **부정확한 발음은 신뢰할 수 없는 말이 된다**

"죄송하지만 다시 한번 말씀해 주시겠어요?"
"방금 뭐라고 말씀하신 걸까요?"
"좀 또박도박 말해 볼래?"

말하는 사람의 발음이 부정확하면 듣는 사람은 반드시 다시 한 번 묻게 된다. 다시 말해도 알아듣기 힘들면 대충 이해하거나 그 사람이 하는 말을 믿을 수 없게 된다. 예를 들어 면접장에서 질문을 받은 지원자가 웅얼거리거나 입 밖으로 소리를 내지 못한다고 생각해 보자. 지원서에 작성한 내용을 확인하는데 자신의 경험을 명확하게 이야기하지 못하고 대답을 머뭇거린다면 면접관은 지원자의 태도에 문제가 있다고 생각할 것이다. 그리고 지원자의 발음이 좋지 않다고 생각하는 것을 넘어 임기응변으로 둘러대고 있다고 여길 수도 있다. 다른 질문에서도 분명하지 않은 발음으로 이야기하거나 또다시 머뭇거린다면 상황은 더욱 악화될 것이다. 이미 답변한 내용뿐만 아니라 지원자가 작성한 다른 항목의 내용까지 사실이 아니라고 판단할 수 있다.

아무리 좋은 내용이라 하더라도 듣는 사람에게 제대로 전달되지 않으면 신뢰를 얻기 어렵다. 그러므로 나의 의지와 마음을 표현해야 하는 자리라면 정확한 발음으로 전달할 수 있어야 한다. 사람들은 진실이 더 크고 정확하게 들린다고 생각하는 경향이 있다.

●● 정확한 발음으로 얻은 부와 인기

최근 재벌 못지않은 부를 누리고 있는 '영앤리치' 가운데 일타 강사 현우진이 있다. '대한민국에서 돈을 제일 많이 버는 88년생'이라는 수식어가 붙을 정도로 유명한 그는 고등학교 때 미국으로 유학가 스탠퍼드대학교 수학과를 차석으로 졸업한 뒤 대치동 학원가에서 고등 수학 강의를 했다.

그는 수험생 사이에서 실력을 인정받아 대형 교육업체에 영입됐고 지금까지 수학 대표 강사로 현장과 인터넷에서 강의를 동시에 진행하고 있다. 이적료만 50억으로 강의를 통해 연간 200억 원을 벌어들이는 것으로 알려져 있다. 이는 메이저리그 류현진 선수와 비슷한 수준의 연봉이다.

그가 압도적인 인정과 인기를 누리는 이유는 강의력에 있다. 아나운서–직업인 나는 그의 강의력 중 한 요소가 발음에 있다고 생각했다. 현우진 강사는 특히 말투가 인상적이다. 강의 내내 또박또박한 말투로 '차근차근, 우당탕탕'과 같은 효과음을 내며 학생들의 주의를 환기한다. 호탕한 웃음소리로 수업 분위기를 밝게 만들기도 한다. 특히 그의 발음이 돋보이는 것은 수학 개념을 설명할 때이다.

"잘 봐! '신뢰도'는 추정이 적중할 확률이야."

그는 '신뢰에-도', '확류-울'으로 발음하며 정확한 '리을' 소리를 낸다. 여러 번 개념을 설명하는 가운데 '뢰'에 강세를 두기도 한다. 정확한 발음은 학생들을 강의에 집중하게 만드는 전략일 것이다. 현우진의 발음은 빨리 듣기에서 특히 진가를 발휘한다. 발음이 명확해서 1.7배속으로 들어도 잘 들린다. 시간이 생명인 수험생들에게 반가운 일임에 분명하다.

강의와 같은 공신력이 중요한 말하기에서 발음은 더욱 중요하다. 정확한 발음은 믿을 수 있는 강사가 수준 높은 강의를 제공한다는 확신을 준다. 강사의 발음이 좋지 않으면 강사에 대한 불신은 물론 강의에 대한 불만이 생긴다. 결론적으로 현우진 강사의 강의력에서 가장 중요한 요소는 발음에 있다고 진단할 수 있다.

속사포 랩을 구사하는 래퍼 이영지도 유사한 경우로 볼 수 있다. 하루가 멀다 하고 새로운 스타가 발굴되는 방송계에서 시청자의 관심을 단숨에 사로잡는 것은 여간 어려운 일이 아니다. 래퍼 이영지는 청소년 힙합 경연 오디션 〈고등래퍼〉 시즌 3을 통해 대중들에게 얼굴을 알렸다.

남자 출연자들의 전유물처럼 느껴지던 프로그램에서 이영지는 '귀에 때려 박히는 속사포 랩'을 한다는 평가를 받으며 첫 등장부터 확실한 눈도장을 찍었다. 결국 그녀는 여성 참가자 최초로 〈고등래퍼〉 우승의 주인공이 되었다. 어느새 그녀는 힙합 분야의 '핵인싸'로 자리매김했다.

래퍼 이영지가 가요계의 '핵인싸'가 될 수 있었던 이유는 수많은 래퍼 중에서 발음이 누구보다 정확하고 압도적이기 때문이다. 그녀의 노래는 발음이 또렷하고 시원시원해서 가사가 잘 들린다. 파워풀하면서도 허스키한 저음으로 또박또박 내뱉는 한 마디 한마디가 귀에 쏙쏙 박힌다. 말이 빨라지면 발음이 뭉개질 법도 한데 이영지는 그렇지 않다. 청중의 귀에 진입하는 주파수를 잘 알고 있는 듯 발음한다. 그래서 힙합을 잘 알지 못하는 사람마저 들썩이게 만든다. 단단한 저음과 정확한 발음으로 인하여 그녀가 대중의 주목을 받을 수 있었던 건 아닌가 생각한다.

●● 발음 연습, 우리말도 외국어처럼

정확한 발음은 사람들로부터 신뢰를 얻고 자기가 속한 영역에서 인정을 받는 결정적 무기가 된다. 지금 내 발음이 불안하다면, 아니 지금보다 더 정확한 발음을 구사해 새로운 이미지로 변신하고 싶다면 발음부터 바꾸어야 한다. 이때 한 가지 의문이 생긴다. 과연 발음은 연습하면 좋아질 수 있을까? 결론부터 말하자면 그렇다. 발음은 부지런히 연습하면 좋아진다. 많이 하면 많이 할수록 짧은 시간 안에 좋아진다.

신혜선 배우의 영어 과외를 맡은 적이 있다. 당시 맡은 배역으로 인해 유창한 영어를 구사해야 하는 상황이었다. 그녀는 원래 발음이 좋은 편이라 기본기가 탄탄했다. 하지만 단시간 안에 원어민으로 보여야 했기에 높낮이를 명확하게 주면서 리듬을 타야 한다는 점에 주안점을 두고 연습을 도왔다.

놀라운 것은 연습량이었다. 그녀는 마치 '일주일 안에 원어민으로 살아남기'라는 미션을 받은 것처럼 알려준 대로 완벽하게 연습했다. 다른 수강생에 비하면 두세 배는 빠른 속도라고 볼 수 있었다. 그녀에게 연습을 얼마나 하는지 물었다.

"그냥 계속해요, 끊임없이."

그렇다. 원래 배우들은 대본을 받으면 잠자고 먹는 시간 빼고는 대본을 손에서 놓지 않고 지낸다고 한다. 손으로 툭 치면 대사가 줄줄 나올 정도로 연습량을 채우는 것이다. '이 정도 해야지 좋아진다.'라는 것은 없다. 그저 본인이 원하는 모습이 나올 때까지 계속해서 해보는 태도가 중요하다. 그녀 역시 드라마 촬영 날짜가 잡혀 있었기 때문에 단기간에 원어민처럼 영어를 구사해야만 했다.

한국어 발음도 영어와 다를 것이 없다. 모국어라고 해서 발음이 타고나는 게 아니다. 어렸을 때부터 써왔기 때문에 우리 모두 다른 사람이 알아들을 수 있을 정도의 발음을 구사하는 것일 뿐 전문적인 느낌을 주기 위해서는 연습이 필요하다. 우리말도 내가 원하는 느낌으로 구사할 수 있을 때까지 연습은 계속되어야 한다.

02

발음의 위치 찾기, 자음 발음법

opportunity + ob & work + tomorrow

●● **한글이 곧 발음기호**

외국인 학생을 가르칠 때는 영어식 발음기호를 사용해서 발음법을 설명한다. 보통 소리 내는 위치가 어디인지부터 가르친다. 우리가 외국어를 배울 때도 마찬가지 과정으로 글자의 소리를 내는 위치와 방법을 익힌다. 대체로 자음이 그러하다. 한글이 모국어라는 이유로 들은 대로 발음하는 데 익숙할 뿐 'ㄱ(기역)' 소리가 어디에서 나오는지조차 제대로 알지 못하고 소리를 내는 경우가 다반사이다.

한글은 소리글이므로 글 자체가 발음기호이다. 한글은 24개의 자음과 모음으로 이루어져 있다. 한글은 독특하게도 단음절

단위로 자음과 모음을 모아서 하나의 네모꼴 글 틀에 작성하는, 세계적으로도 찾아볼 수 없는 완벽한 소리글이다. 그런데도 우리는 자음과 모음의 발음방법을 제대로 공부하지 않는다. 소리를 정확하게 어디서 만들어야 하는지 지금부터 조음의 위치부터 살펴보자.

●● 자음의 조음 위치

발음은 혀, 치아, 입술 등을 이용하여 내는 소리이다. 우리말의 자음은 혀와 입술이 조음점에 정확히 닿아야 한다. 조음기관은 윗입술, 윗니, 윗잇몸, 입천장과 같이 스스로 움직이지 못하는 발음기관이다. 이와 달리 모음은 입 모양을 정확하게 해야 한다. 입을 작게 벌리고 말하면 소리가 입안에서 맴돌아 웅얼거리게 된다. 정확한 발음을 위해 소리의 모양이 만들어지는 원리를 이해하고 또렷하게 발음하는 방법을 알아야 한다.

'자음'은 입이나 코 같은 발음기관에서 방해를 받아 만들어지는 소리이다. 조음점의 위치에 따라 양순음, 치조음, 경구개음, 연구개음, 성문음으로 나뉜다. 다음의 그림을 통해 각 자음을 발음할 때 입안에서 나는 소리의 지점과 소리 내는 방법을 자세히 확인해 보자.

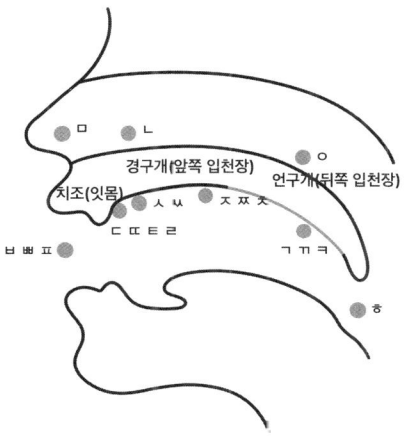

자음을 발음할 때 조음 위치

- 입천장의 부드러운 곳에서 소리 나는 자음: ㄱ, ㅋ, ㄲ
- 입천장의 오돌토돌한 곳에서 소리 나는 자음: ㄴ, ㄷ, ㅌ, ㄸ, ㄹ, ㅈ, ㅊ, ㅉ
- 입천장 가까운 곳에서 나는 자음: ㅅ, ㅆ
- 입술에서 소리 나는 자음: ㅁ, ㅂ, ㅍ, ㅃ
- 목구멍에서 소리 나는 자음: ㅇ, ㅎ
- 바람 소리가 많이 나는 자음: ㅊ, ㅋ, ㅌ, ㅍ, ㅅ, ㅎ
- 혀 또는 입술에 힘주며 강하게 소리 나는 자음: ㄲ, ㄸ, ㅃ, ㅆ, ㅉ

우리 말은 혀가 입안에서만 움직이고 입천장에 자주 닿는다. 그리고 바람을 뱉어야 시원한 발음을 할 수 있다. 자음의 글자 모양을 상상하며 발음하면 상당히 정확한 발음으로 말할 수 있다. 또 자음마다 모음 'ㅡ'를 붙여 발음하면 혀의 움직임을 이해하기 수월하다. 평소 조음 위치를 생각하면서 정확하게 발음하고 있는지 점검하고, 잘 되지 않는 발음은 집중적으로 연습해야 한다.

자음 발음의 원리

1. 연구개음 'ㄱ, ㅋ, ㄲ'

혀가 입천장에서 비교적 연한 뒤쪽 부분인 연구개에 붙었다가 떨어지면서 내는 소리이다. 이때 혀가 'ㄱ'자 모양으로 움직인다. 혀 안쪽이 목구멍으로 들어가며 [그]라고 발음한다.

'ㅋ'은 'ㄱ'과 'ㅎ'이 결합해 나오는 거센소리이다. 'ㄱ'과 같은 위치에서 발음하지만 공기를 내보낼 때 양이 다르다. 바람을 세게 내보내야 한다. 자음의 거센소리는 'ㅊ, ㅋ, ㅌ, ㅍ'으로 같은 방식으로 거센소리로 발음한다.

'ㄲ'은 [끄]라고 발음해 보면 알 수 있듯 강한 소리를 낸다. 'ㄲ'는 된소리이다. '끄응~'하고 힘을 주어 발음한다고 생각하면 이

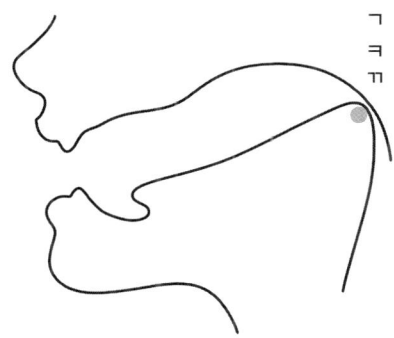

해가 쉽다. 된소리는 'ㄲ, ㄸ, ㅃ, ㅆ, ㅉ'까지 모두 다섯 개이다. 'ㄲ'를 발음할 때 바람소리를 덜 뱉으면 'ㄱ'처럼 들릴 수 있으므로 주의해야 한다. 예시를 통해 차이를 이해해 보자.

- **ㄱ, 기역[기역]**: 기구, 가구, 거국, 개각, 가교, 기역
- **ㅋ, 키읔[키윽]**: 크기, 크다, 커다, 기각하다[기가카다]
- **ㄲ, 쌍기역[쌍기역]**: 곡기[곡끼], 객기[개끼], 국가[국까]

2. 자음 중 가장 틀리기 쉬운 'ㄴ'

'ㄴ'은 혀끝을 윗잇몸에 붙여 발음하는 치조음으로 공기의 기류가 구강이 아닌 비강으로 불리는 도를 통해서 나오는 소리이다. 혀, 잇몸, 코까지 사용해야 하는 어려운 발음으로 틀리기 쉬

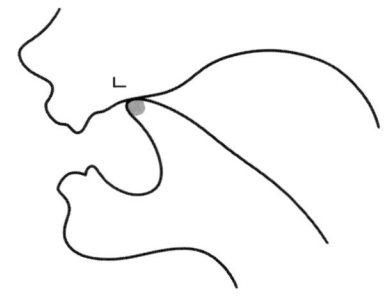

운 편이다.

[느]라고 발음해 보자. 혀끝이 입천장의 오돌토돌한 부위, 즉 경구개에 떨어지면서 소리가 나야 한다. 이때 혀끝이 앞니 뒤에 닿거나, 같은 비음이지만 다른 위치에서 소리를 내면 발음이 잘못 나온다.

양 손가락을 콧대 양쪽에 대고 [느] 또는 [은] 하는 소리를 낼 때 코에서 손가락으로 울림이 전해지면 발음이 잘되는 것이다.

- ㄴ, 니은[니은]: 나, 너, 년, 누구, 난간, 나누다, 누나

3. 약하게 터트리는 치조음 'ㄷ, ㅌ, ㄸ'

'ㄷ'은 'ㄴ'과 마찬가지로 혀가 입천장 오돌토돌한 부위에 닿

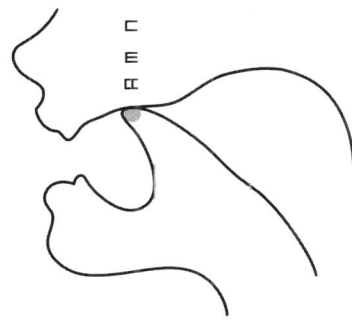

았다가 떨어지면서 소리가 난다. 조음의 위치는 같은데 방식이 다르다. 폐에서 올라오는 공기가 콧길을 따라서 분출되는 'ㄴ'과 달리 콧길이 닫힌 상태에서 입 밖으로 분출되는 소리이다. 이때 혀가 입천장에 닿는 모양이 'ㄷ'자 형식이 된다.

[드]라고 발음해 보면, 혀의 앞부분이 입천장 오돌토돌한 부위에 닿아서 지나가던 공기의 흐름을 막고 있다가 혀를 아래로 떼면서 공기와 함께 단번에 터지는 소리가 나온다. 'ㄷ'은 예시의 단어들처럼 단어 맨 앞이나 단어의 중간에 있는 모음 앞에 올 수 있다. 이 경우에는 앞서 설명한 바와 같이 'ㄷ' 본래의 방법으로 발음하면 된다.

- ㄷ, 디귿[디귿]: 다도, 다리, 드마, 지도, 사다리, 비둘기

'ㄷ'이 받침으로 쓰일 때는 소리가 뚝 끊어지듯이 마무리될 수 있다. 이때 혀를 깨물어서는 안 된다. 'ㄷ, ㅌ, ㅅ, ㅈ, ㅊ, ㅎ'이 초성에 있을 때는 '대, 태, 새, 재, 채, 해'처럼 각기 다른 소리로 발음해야 하지만 종성, 모음의 받침자로 쓰일 때는 모두 'ㄷ'으로 발음해야 한다. 이를 중화현상이라고 한다.

- **모음 받침자 'ㄷ'**: 숟가락 [숟까락], 듣다[듣따], 믿고[믿꼬]
- **중화현상 'ㄷ'**: 밭[받], 낫다[낟:따], 낮다[낟따], 낯가림[낟까림]

'ㅌ'은 'ㄷ'보다 거세게 소리를 내면 된다. 'ㅋ'의 원리와 마찬가지로 'ㄷ'에 'ㅎ'을 더한 소리로 생각하면 된다. 'ㄸ' 역시 'ㄲ'의 원리와 마찬가지로 된소리, 즉 '끄응' 하는 느낌의 강한 소리를 낸다. 모음 없이 '트, 트, 트' 하고 소리를 낼 때 입술 앞에 얇은 종이나 휴지를 놓고 내뱉은 공기로 종이가 움직이는 것을 확인하면 된다.

- **ㅌ, 티읕[티읃]**: 타다, 터지다, 국토, 토끼, 태권도[태꿘도], 태우다
- **ㄸ, 쌍디귿[쌍디귿]**: 닫다[닫따], 됐다[됃:따], 뜯다[뜯따], 왔다[왇따]

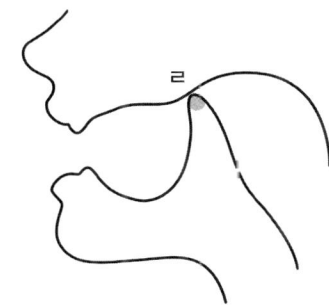

4. 초성과 받침일 때 주의가 필요한 'ㄹ'

'ㄹ'은 혀끝을 윗잇몸에 붙인 뒤 혀 옆으로 소리를 내거나 혀끝을 떨어뜨리며 내는 발음이다. 혀의 움직임이 가장 큰 자음이라 할 수 있다. 간혹 영어 'r'처럼 혀를 굴려서 발음하는 사람들이 있지만 'ㄹ'은 반드시 혀가 입천장에 닿아야 한다. 혀끝이 윗니 뒤 잇몸에 정확히 닿는지 스스로 확인해야 한다.

'ㄹ' 발음을 주의해야 하는 또 한 가지 이유는 초성으로 사용될 때와 받침으로 사용될 때 소리를 내는 위치가 각각 다르기 때문이다.

- **첫 글자으 'ㄹ'**: 라면, 러시아, 로봇, 오리, 개구리
- **받침 위으 'ㄹ'**: 말, 돌, 발, 핸들, 날개, 살다

초성 위치에 있는 라면, 러시아, 로봇 등의 'ㄹ'은 혀끝으로 윗잇몸 쪽을 거의 닿지 않을 정도로 가볍게 떨면서 발음한다. 이와 달리 말, 돌, 발 등 받침에 오는 'ㄹ'은 숨을 내쉴 때 혀끝을 윗잇몸에 대고 구강의 중앙부를 막아서 혀의 양옆으로 공기를 내보내며 소리를 만든다. 설명에 따라 혀와 잇몸, 공기를 활용하여 반복해서 연습해 보도록 한다.

5. 입술소리 'ㅁ, ㅂ, ㅃ, ㅍ'

양순음으로 불리는 'ㅁ, ㅂ, ㅃ, ㅍ'은 위아래 입술이 붙었다 떨어지면서 소리를 낸다. 입을 다문 모양을 본떠서 만든 글자가 'ㅁ'이다. 이들 양순음은 양 입술을 다물고 입술을 떼면서 소리를 낸다. 소리를 내는 위치는 입술이라는 점에서 같지만 한 가지 차이가 있다면 'ㅁ'은 폐에서 올라온 공기를 비강, 코를 통해서 밖으로 내보내는 비음이다. 'ㅂ'은 입술을 열고 바람이 빠져나오는 게 느껴져야 하며, 'ㅃ'은 'ㅂ'보다 입술에 힘을 주고 강하게 발음하는 된소리이다. 'ㅍ'은 'ㅂ'과 'ㅎ'이 결합한 거센소리로 공기를 많이 내보내고 입술이 말리지 않아야 한다. 다만 'ㅍ'을 받침으로 사용하면 입술을 닫고 [ㅂ]으로 발음해야 한다.

- **ㅁ, 미음[미음]:** 엄마, 어머니, 매미, 마음, 만남, 남매, 감각

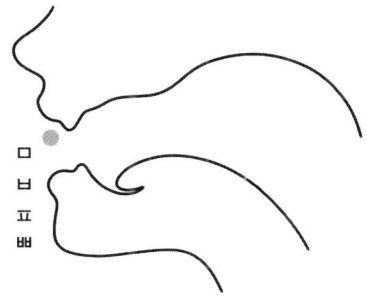

- **ㅂ, 비읍[비읍]:** 밥, 법, 바람, 보배, 분배, 빈번, 매번
- **ㅍ, 피읖[피읍]:** 파란, 풍경, 푸른, 품평, 명품
- **ㅃ, 쌍비읍[쌍비읍]:** 바쁘다, 아빠, 오빠, 빵집, 헌법[헌뻡]

6. 혀와 아랫니를 이용한 'ㅅ, ㅆ'

'ㅅ'은 혀의 앞부분을 윗잇몸에 가까이 이동해 혀와 윗잇몸 사이로 공기를 흐르게 하여 만드는 소리이다. 혀와 윗잇몸 사이의 비좁은 틈 사이로 공기가 마찰을 뚫고 입 밖으로 새어나오기 때문에 소리 자체가 소음처럼 들리고 길이가 긴 것이 특징이다.

'ㅅ'은 많은 사람이 어려워하는 발음이다. 영어식으로는 'th[θ]'로 발음하는 사람들이 있다. 이 경우 혀끝을 아랫잇몸에

붙여서 발음하는 것이 좋다. 아랫니 밑에 있는 잇몸에 혀를 붙인 채 [스~] 하고 공기를 빼내며 발음하는 연습이 필요하다. 'ㅅ'은 [스~] 하고 공기를 많이 내는 소리가 크게 나야 한다. [스~]를 하다가 턱을 크게 벌려 [아] 하고 발음하면 [사]가 되는 과정을 여러 번 반복해 보자.

'ㅆ'은 'ㅅ'보다 강한 바람소리가 난다. 혀에 힘을 많이 주고 높은 소리로 발음한다. [쓰]를 발음하다가 턱을 크게 벌려 [아] 소리를 내면 [싸]가 된다. 'ㅆ'을 발음할 때 공기가 약하게 빠져나가면 'ㅅ'처럼 들리므로 주의를 기울여야 한다.

- **ㅅ, 시옷[시옫]**: 시소, 서사, 사람, 새, 사자, 소풍, 가시, 눈사람
- **ㅆ, 쌍시옷[쌍시옫]**: 말씀, 속세[속쎄], 색상[색쌍], 각색[각쌕],

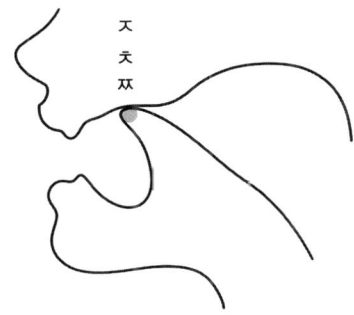

7. 경구개와 혓바닥 소리 'ㅈ, ㅉ, ㅊ'

'ㅈ'은 혀가 입천장 오돌토돌한 부위에 닿았다 떨어지면서 나는 소리이다. 윗니 바로 뒤쪽 잇몸에 닿아서 지나가던 공기의 흐름을 막고 있다가 혀를 아래로 떼면서 쌓여 있던 공기가 새어 나오는 것처럼 밖으로 분출된다. 막혔다 새어나오는 소리, 즉 파찰음이라서 소리가 많이 빠져나와야 소리가 제대로 들린다. 간혹 'ㄷ'처럼 잘못 발음되는 경우가 있는데 'ㅈ'은 'ㄷ'보다 더 강한 바람소리가 나야 한다.

'ㅊ'은 조음 위치는 같으나 거센 바람 소리가 난다. 'ㅈ'에 'ㅎ'을 결합하여 거세게 바람을 뱉으며 소리를 낸다. 'ㅉ'은 혀가 입천장에서 떨어지면서 'ㅈ'보다 강하게 소리를 낸다. '쯧쯧쯧' 하고 혀를 차는 소리를 내다 보면 쉽게 발음할 수 있다.

- ㅈ, **지읒[지읃]**: 제조, 제주, 자주, 낮[낟], 잠자다
- ㅊ, **치읓[치읃]**: 추석, 춤추다, 아침, 개최, 추위, 차갑다[차갑따]
- ㅉ, **쌍지읒[쌍지읃]**: 낮잠[낟짬], 짧다[짤다], 짜다, 쭈뼛거리다

8. 가벼운 소리 'ㅇ'

'ㅇ'은 '아이', '우유' 같은 단어에서처럼 단어 안에서 초성 자리에 있을 때는 특정한 음가가 없는 모음 앞의 공백을 표시하는 기호이다. 즉 모음 앞에 'ㅇ'이라고 표기해도 발음은 되지 않는 묵음 소리이다.

[으]라는 발음을 할 때 혀는 전혀 움직이지 않아도 목에서 소리가 난다. 반면 받침으로 쓰일 때는 혀의 뒷부분이 뒤쪽 입천장에 닿아 입안의 공기 흐름을 차단한다. 몸속의 공기가 코로

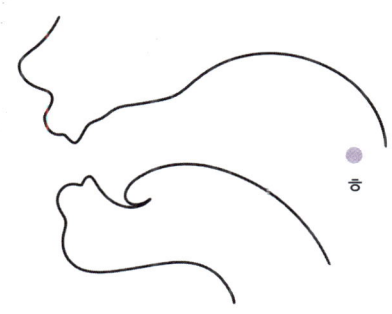

빠져나가는 콧소리, 즉 비음이다.

- ㅇ, 이응[이응]: 언니, 아이, 오이, 아름답다, 중앙, 영양, 강가[강까]

9. 목에서 올라오는 'ㅎ'

'ㅎ'은 발음할 입술과 혀의 특정한 움직임이 일어나지 않고 성대에서 공기를 입 밖으로 흐르게 하여 만드는 소리이다. 성대 사이의 비좁은 틈 사이로 공기가 마찰을 뚫고 나와 마치 한숨을 쉬거나 숨을 내쉴 때 나오는 숨소리와 비슷하다.

[히]라고 발음을 해보면 자음 중에서 가장 바람소리가 많이 나는 것을 알 수 있다. 목구멍에서 올라오는 소리로 'ㅇ'과 마찬가지로 혀가 움직이지 않는다. 다만 센소리를 내어 'ㅇ'처럼 들

리지 않도록 주의해야 한다.

- ㅎ, 히읗[히읃]: 화환, 후회, 화해, 하늘, 다행이다, 안녕하십니까

●● 발음은 오로지 연습만이 해법

지금까지 자음의 조음 위치와 발음방법에 대해 알아보았다. 우리는 특정한 발음이 잘 되지 않을 때 발음에 큰 문제가 있다고 생각하지 않는다. 자신이 어떤 발음이 잘 되지 않는지 이미 알고 있지만 특별히 대중 앞에서 이야기하거나 말하는 것이 직업이 아닌 이상 사람들은 자신의 발음에 크게 신경 쓰지 않는다. 공식적인 자리에서 말할 기회도 많지 않다. 따라서 중요한 말하기나 발표 자리에서도 직접 촬영해서 확인하지 않으면 자신의 문제를 발견하기 어렵다.

발음의 문제를 쉽게 생각하지만 간과해서는 안 되는 이유가 있다. 사람들은 공개적인 자리나 말하기가 중요한 곳에서 긴장하는 이유가 발음에 있다고 생각하지 않는다. 말솜씨가 없거나 논리적이지 못해서라고 생각할 뿐이다. 하지만 말의 속도가 너무 빠르거나 웅얼웅얼하는 경우 보통 입을 벌리지 않고 말한다. 그러면 발음이 정확할 수 없다. 발음이 정확하면 전달력이 향상되면서 자신감을 얻을 수 있다. 정확한 발음을 내다보면

말을 빨리하는 문제점 역시 잡을 수 있다.

발음 연습은 크게 네 가지만 기억하면 된다.

첫 번째, 거울을 보고 입을 크게 벌리는 연습해야 한다. 입을 작게 벌리고 말해도 자신에게 잘 들리기 때문에 입을 크게 벌릴 이유가 없다고 생각한다. 하지만 입을 작게 벌리면 흡입되는 공기량이 현저하게 작고, 입 모양이 불분명해서 명확한 발음이 나오지 않는다. 상대방이 주의 깊게 듣지 않으면 이야기하는 사람의 말을 이해하기 힘들다. 그러므로 입을 크게 벌리는 연습을 하는 것이 중요하다. 입을 부지런히 움직이면서 입 주위의 근육을 단단하게 만들어가다 보면 결국 입을 크게 벌리는 습관을 몸이 기억하게 된다.

두 번째, 음가를 정확하게 발음하는 연습을 하자. 외국어를 처음 배울 때 발음기호와 발음방법을 배운다. 우리말도 발음의 소리를 내는 위치가 어디인지, 소리를 낼 때 어떻게 시작해서 마무리해야 하는지 머리로 생각하고 몸을 움직여야 한다. 가령 '가'라는 발음을 할 때 배에서 나오는 공기를 미세한 혀의 움직임으로 방향과 양을 조절해 본다. 케이크 틀처럼 만들어진 입 모양을 통과시켜야 비로소 '가'라는 소리를 명확하게 내 상대방이 정확하게 알아들을 수 있다. 중요한 점은 소리를 낼 때 입 밖으로 말소리가 나와야 한다는 점이다. 대부분은 말을 할 때 흥식 호흡을 하므로 가슴으로 소리를 낸다. 즉 속으로 말하는 것이다. '아' 소리를 길게 하면서 가슴에 손을 가져가면 가슴이 울릴 것이다. 목과 가슴이 울리게 소리를 내면 자신과 가까운 사람에게는 들릴지 모른다. 그러나 소리가 멀리 가지 못해 작고 발음도 부정확하게 들린다. 이 경우 오래 말하면 힘들어지면서 목이 상한다.

실전 연습에 필요한 간단한 방법은 한 자씩 글자를 읽는 것이다. '당. 신. 을. 사. 랑. 합. 니. 다.'처럼 음가를 완전하게 소리 내어 읽는 방법이다.

세 번째, 소리를 밖으로 빼내야 한다. 즉 거울을 보고 입을 벌려 음가를 소리 내뱉어야 한다. 이때 입이 30센티미터 정도 앞에 있다고 생각하고 내 몸 안의 소리를 멀리까지 밖으로 밀어내야 한다. 그러면 몸과 입이 앞으로 나오면서 더 힘차고 편하게 공기가 나오는 것을 느낄 수 있다. 거울에 과녁을 그려놓고 가운데 화살을 명중시키듯 말소리를 과녁에 꽂는다고 생각하면 된다. 그러면 자연스럽게 입이 커지면서 입 모양은 음가를 더욱 명확하게 내려고 움직일 것이다. 단순한 논리이지만 효과는 크다.

네 번째, 첫음절에 강세를 주고 말하는 것이다. 글을 읽는 연습을 할 때 첫음절을 강하게 발음하며 읽어보자. 스타카토처럼 딱딱 끊어서 놀란 듯이 읽는 것이 아니라 첫음절을 지그시 누르며 강조하듯이 읽는 것이다. 여기서 말하는 첫음절은 띄어 읽기를 한다고 했을 때 첫음절을 말한다.

예를 들어 '나는/당신을/진정으로/사랑합니다.'라는 글이 있을 때 첫음절은 '나, 당, 진, 사'이다. 첫음절을 강하게 발음하면 예비음이 따르게 마련이다.

"나~아는 다~앙신을 지~인정으로 사~아랑 합니다."의 형태로 첫음절을 강하게 발음하는 것이다. 예비음은 발음을 더욱 명확하게 할 뿐 아니라 말소리에 힘을 준다. 첫음절을 강하게 하면 뒤에 오는 음절의 음가는 그리 명확하게 하려고 하지 않아도 자연스럽게 발음된다.

성우나 성악가 들은 딕션 곧 발음을 생명처럼 여긴다. 음색이 아무리 좋아도 발음이 정확하게 전달되지 않으면 제대로 된 성악가 아니다. 이탈리아 가곡 등 외국곡을 부를 때 딕션이 정확하면 음이 잘 맞고 소리를 내기도 편하다.

발음이 명확하면 사람이 달라 보인다. 아무리 멀쩡해 보이는 사람도 말이 이상하면 매력이 사라진다. 자신의 의지를 분명하게 전달하기 위해서라도 발음은 생명이다.

03

발음의 업그레이드, 모음 발음법

opportunity + job & work + tomorrow

●● '아' 소리만 정확히 낸다면 문제없다

발음이 부정확해 보이는 결정적 이유는 모음에 있다. 바꾸어 말하면 모음 훈련이 집중적으로 되면 단기간에 발음이 좋아진다. 우리말은 모음보다 자음이 많이 쓰인다. 대부분 '자음+모음' 또는 '자음+모음+자음'의 형태를 갖추고 있기 때문이다. 그러나 발음을 개선하는 데는 자음 훈련보다 모음 훈련이 훨씬 더 효과적이다. 모음 발음이 자음보다 어려운 까닭이다.

 자음을 틀리게 발음하는 경우는 거의 없다. 자음 발음을 잘못하면 어떤 자음이 문제인지 스스로 느낄 수 있다. 하지만 모음은 그렇지 않다. 모음의 발음이 잘못되면 대부분 듣는 사람들은 "원인은 모르겠지만 이상하게 발음이 정확하지 않은 것 같다."라고 생각한다. 이 경우 '아' 발음만 해봐도 진단할 수 있다.

"아~~!"

우리말의 '아'를 정확히 발음하려면 입을 위아래 좌우로 크게 벌려야 한다. 거울을 보면서 '아' 하고 소리를 내보자. 생각보다 입을 크게 벌려야 한다. 입을 시원하게 벌릴 수 있을 때 '아' 소리를 정확하게 발음할 수 있다. 앞서 발음 연습에서 설명한 바와 같이 입을 크게, 부지런히 움직이는 연습을 하면 모음 발음을 빨리 고칠 수 있다. 모음 훈련이 잘되면 발음훈련이 단기간에 완성된다. 거듭 강조해도 지나치지 않는 게 입을 크게 벌리는 것이다. '아~'만 정확하게 발음해도 발음훈련의 가능성은 충분하다.

•• 모음의 조음 위치

모음은 턱과 입술, 혀로 발음한다. 폐에서 올라온 공기가 구강 통로에서 폐쇄나 마찰에 방해받지 않고 성대의 진동과 더불어 나는 소리이다. 입안에서 홀로 나는 소리라는 의미로 '홀소리'라 불린다. 단모음이 10개, 이중모음이 11개로 모음은 총 21개

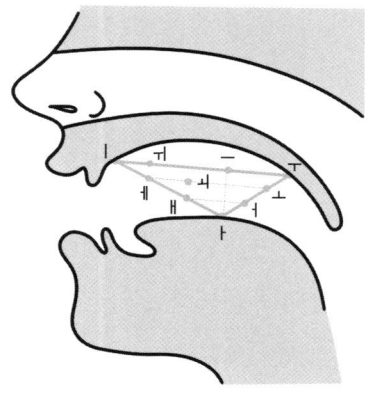

[모음을 발음할 때 조음 위치]

이다.

위 그림을 통해 모음을 발음할 때 소리 지점과 소리 내는 방법을 자세히 확인해 보자.

- **단모음**: 소리를 내는 도중에 입술 모양이나 혀의 위치가 고정되어 처음과 나중이 달라지지 않는 모음(ㅏ, ㅓ, ㅗ, ㅜ, ㅡ, ㅣ, ㅐ, ㅔ, ㅚ, ㅟ)
- **이중모음**: 소리를 내는 도중에 입술 모양이나 혀의 위치가 처음과 나중이 달라지는 모음(ㅑ, ㅕ, ㅛ, ㅠ, ㅒ, ㅖ, ㅘ, ㅙ, ㅝ, ㅞ, ㅢ)

•• 단모음 연습

모음 발음은 크게 어렵지 않다. 오히려 입술의 모양과 소리가 나는 위치가 중요하다. 입천장 중간점을 기준으로 혀의 앞쪽에서 발음되는 모음은 전설모음으로 'ㅣ, ㅔ, ㅐ, ㅟ, ㅚ'가 있다. 혀의 뒤쪽 여린입천장에서 발음되는 모음은 후설모음으로 'ㅏ, ㅓ, ㅗ, ㅜ, ㅡ'가 있다. 전설모음과 후설모음은 발음할 때 입술의 모양에 따라 입술을 둥글게 오므려 발음하는 원순모음과 입술을 양옆으로 펴서 발음하는 평순모음으로 구분할 수 있다. 혀의 발음 위치에 따라 각 모음의 발음 방법을 알아보자.

1. 후설모음 발음하기: ㅏ, ㅓ, ㅗ, ㅜ, ㅡ

혀의 뒤쪽과 여린입천장 사이에서 발음되는 후설모음은 비교적 낮은 소리 'ㅏ[아]'부터 연습해 보는 것이 좋다.

'ㅏ[아]'는 모음 중에서 가장 입을 크게 벌려 발음해야 한다. 검지와 중지, 약지까지 세 개의 손가락 크기만큼 입을 벌리고 [아] 소리를 내면 된다. 입보다는 턱을 벌린다는 생각으로 입안의 공간을 넓게 만들어 소리를 내보내면 된다.

- ㅏ[아]: 아빠, 사람[사:람], 마당, 가방, 자장가, 자각하다[자가카다]

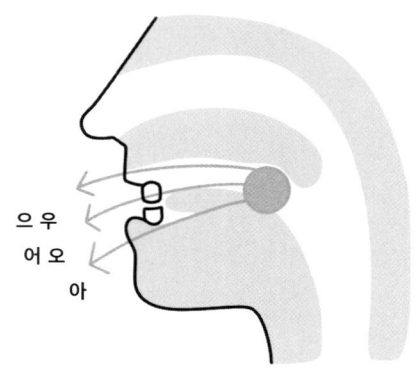

'ㅓ[어]'는 턱을 벌리면서 입술에 약간 힘을 주고 발음한다. 중지와 검지로 손가락 두 개 정도 크기로 입을 벌려준다. 'ㅓ' 발음을 'ㅡ'로 발음되지 않도록 주의해야 한다. 간혹 '거짓말[거:진말]'을 '[그진말]'로 발음하는 경우가 그것이다. 이 경우도 입이 크게 벌리지 않는 것이 문제이므로 입을 조금 더 열어주는 연습이 필요하다.

- **ㅓ[어]:** 어서, 어머, 서적, 저서, 전선, 청정하다, 서럽다[서:럽따]

'ㅗ[오]'는 입술을 동글게 오므려 발음하는 원순모음이다. 입술을 모으고 앞으로 쭉 내밀며 발음한다. 입술이 코끝보다 나온다는 느낌으로 자신의 얼굴을 직접 보면서 연습하도록 한다.

- ㅗ[오]: 오이, 고모, 노모, 소모, 도로, 보조, 모자, 소소하다

'ㅜ[우]' 역시 원순모음으로 입술을 동그랗게 오므려서 발음한다. 이때 윗입술을 코 쪽으로 바짝 올린다는 느낌으로 들어주는 것이 중요하다. 가운데 윗니 두 개가 보일 만큼 들어주고 이때 아랫입술이 따라 올라오지 않도록 주의한다.

- ㅜ[우]: 수박, 우박, 무주, 수주하다, 마중하다, 주식, 부부, 주주총회

'ㅡ[으]'는 평순모음이다. 입술을 오므리지 않고 힘을 뺀 채 옆으로 벌려서 발음한다. 입술이 가장 작게 움직이는 모습으로 윗입술과 아랫입술을 살짝 떨어뜨린다. 입술을 약간 벌려 윗니와 아랫니 사이의 벌어진 틈으로 공기를 내보내면서 발음하면 된다.

- ㅡ[으]: 으름장, 그는, 음악, 므음, 그만, 지금, 스스로, 틈새

2. 전설모음 발음하기 : ㅣ, ㅔ, ㅐ, ㅚ, ㅟ

전설모음은 혀의 앞쪽에서 발음된다. 'ㅣ[이]'는 입술을 오므리지 않고 입꼬리를 광대뼈 방향으로 올려 발음한다. 'ㅣ'를 발음할 때는 턱 근육을 당기지 않고 볼로 입꼬리를 당겨 발음하도록 한다. 웃는 것처럼 보일수록 발음이 잘되며 비교적 높은 음가를 가진 고모음으로 발음한다.

- ㅣ [이]: 이리, 기린, 미소, 지지, 인식, 어린이, 입꼬리, 기다리다

'ㅐ[애]'는 손가락 두 개 정도 크기로 턱을 벌려 발음한다. 'ㅐ'는 'ㅏ'와 'ㅣ'를 합친 글자이다. 입은 'ㅏ'보다 조금 작게 벌려주고 'ㅣ'처럼 입술을 펴서 발음한다. 'ㅔ'와 발음이 헷갈릴 수 있는데, 'ㅐ'는 턱을 벌려 발음하고 'ㅔ'는 입꼬리를 올려 발음한다고 생각하면 이해하기 쉽다.

- ㅐ [애]: 애정, 책장, 지지대, 대장부[대:장부], 개나리, 재미있다, 대한민국[대:한민국]

'ㅔ[에]'는 입꼬리에 힘을 세게 주고 발음한다. 'ㅔ'는 'ㅐ'보다 입을 작게 벌린 뒤 입꼬리에 힘을 주고 턱을 벌려 발음한다. 'ㅔ'

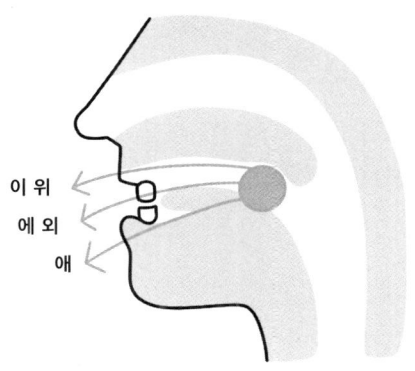

는 'ㅓ'와 'ㅣ'를 합친 글자로 두 모음이 모두 전설모음이기 때문에 혀가 앞으로 나와야 한다. 이때 혀가 바닥에 붙지 않도록 주의해야 한다.

- ㅔ[에]: 어제, 세상, 그런데, 가네, 오네, 새롭게[새롭께], 게시판

'ㅚ[외]'는 표준어 발음법에서 단모음을 원칙으로 하나 'ㅗ'와 'ㅣ'의 이중모음 발음도 허용하고 있다. 따라서 입을 둥글게 하고 동시에 '에' 소리로 발음하거나, 입을 'ㅗ' 모양으로 만들고 'ㅣ'로 소리 낼 수 있다. 단모음으로 발음하기 어려운 이유는 실생활에서 이중모음으로 발음되는 경우가 많기 때문이다. 입술

모양을 'ㅗ'에서 'ㅣ'로 바꾸고 혀가 앞으로 나오며 발음하도록 한다.

- **ㅚ[외, 오이]:** 참외, 회의[훼:이], 주최자, 사회, 국회의원[국쾨의원], 개최하다

'ㅟ[위]'도 'ㅚ'와 마찬가지로 단모음을 원칙으로 하지만 이중모음 발음도 표준어 발음으로 허용하고 있다. 'ㅜ'로 시작해 'ㅣ'로 길게 발음하기도 하고, 입술을 둥글게 하고 [이]로 발음해도 된다. 이중모음처럼 입술을 펴서 발음하는 것이 수월하다. 'ㅜ'와 같이 입술을 모으고 윗니 두 개가 보일 정도로 입을 벌린 다음 입꼬리를 올리며 'ㅣ'를 발음한다.

- **ㅟ[위, 우이]:** 위아래, 위로, 뒤쪽, 윗사람, 위험, 귀가하다[귀:가하다], 뉘우치다

●● 이중모음의 연습

단모음의 발음 방법을 정확히 연습했다면 이중모음을 연습해보자. 표준어의 이중모음은 'ㅑ, ㅒ, ㅕ, ㅖ, ㅘ, ㅙ, ㅛ, ㅝ, ㅞ, ㅠ, ㅢ'로 11개가 있다. 이중모음은 모음 요소가 두 개로 되어 있다

는 특징이 있다. 즉 처음에는 'ㅣ'를 발음하는 것으로 시작하지만 나중에는 입을 벌려 'ㅏ'나 'ㅓ' 등으로 발음하는 등 처음 소리와 나중 소리가 다르다. 표준 발음법은 몇몇 이중모음이 단모음으로 발음되는 것을 허용하는데, 'ㅕ', 'ㅖ', 'ㅢ'의 경우로 한정한다. 이외의 이중모음은 명확한 발음 연습이 필요하다.

이중모음의 발음은 명칭 그대로 이중모음을 구성하는 두 개의 모음 발음을 연이어 하면 된다. 이 원리를 완벽하게 이해하고 각각의 이중모음으로 구성하는 두 개의 모음이 무엇인지 정확히 알고 있어야 한다.

$$ㅑ = ㅣ + ㅏ$$
$$ㅒ = ㅣ + ㅐ$$

1. 'ㅣ'로 시작하는 이중모음

'ㅣ'로 시작하는 이중모음은 'ㅑ, ㅕ, ㅛ, ㅠ, ㅒ, ㅖ'이다. 이들은 먼저 첫소리 'ㅣ [이]' 발음의 입 모양에서 나중 소리를 더해 발음하는 원리이다.

- ㅑ = ㅣ + ㅏ → **야:** 야외, 야간, 야구, 야심, 방향, 야위다, 약하다
- ㅕ = ㅣ + ㅓ → **여:** 여행, 여름, 여동생, 여러분, 매력, 균형, 청소년

- ㅛ = ㅣ + ㅗ → **요**: 요리사, 요구, 요즘, 요소, 고요함, 개교, 용기
- ㅠ = ㅣ + ㅜ → **유**: 유지, 유람선, 우유, 소유하다, 여유롭다, 유리
- ㅒ = ㅣ + ㅐ → **얘**: 얘깃거리, 얘들아, 걔(그 아이), 얘기꽃
- ㅖ = ㅣ + ㅔ → **예**: 예술가, 연예인, 예절, 계획, 예전, 정치계, 세계

'ㅇ'을 자음으로 연습해도 좋지만 갸, 녀, 듀, 료, 폐 등 다양하게 쓰이는 만큼 자음을 바꾸어가며 연습하는 것이 좋다. 예를 들면 '갸'는 '기+아'를 한 음절처럼 빨리 소리를 내고, '듀'는 '디+우'를 한 음절처럼 빨리 발음하는 연습을 하면 정확한 이중모음 연습이 된다.

2. 'ㅗ'로 시작하는 이중모음

'ㅗ'로 시작하는 이중모음은 'ㅘ, ㅙ'이다. 입술을 앞으로 내밀고 첫소리 'ㅗ[오]' 발음의 입 모양에서 나중 소리를 더해 발음하는 원리이다.

- ㅘ = ㅗ + ㅏ → **와**: 와인, 사과, 과수원, 과학, 황망하다, 과거, 화요일
- ㅙ = ㅗ + ㅐ → **왜**: 왜곡, 왜냐하면, 꽤나, 됐어, 쾌감, 쾌거

3. 'ㅜ'로 시작하는 이중모음

'ㅜ'로 시작하는 이중모음은 'ㅝ, ㅞ'이다. [우]로 시작해 [어] 또는 [에]로 발음한다. 첫소리 'ㅜ'는 윗입술을 힘주어 올렸다가 턱을 벌려주고 뒤이어 마지막 소리를 빠르게 전환하도록 한다.

- ㅝ= ㅜ - ㅓ → 워: 원리, 원칙, 월드컵, 위원회, 뒀다가[뒌다가]
- ㅞ= ㅜ - ㅔ → 웨: 웨이브, 궤적, 궤도, 웨이트

4. 'ㅡ'와 'ㅣ'가 결합한 이중모음 'ㅢ'

'ㅢ'는 'ㅡ'와 'ㅣ'를 결합한 모음이다. 'ㅡ'로 시작해서 'ㅣ'로 길게 발음한다. 입술에 힘을 빼고 'ㅡ'를 먼저 시작한다. 처음부터 턱이나 입꼬리에 힘을 주고 소리를 내면 발음이 어렵다.

- ㅢ= ㅡ + ㅣ → 의: 의자, 의사, 민주주의, 의회, 의지하다

'ㅢ' 발음을 내는 데 어려움이 있는 사람들은 대부분 턱에 힘을 준 채 소리를 내는 경향이 있다. 'ㅢ' 발음은 무조건 입술이 움직여야 한다. 입술을 살짝 벌리고 [으] 소리를 내면서 [이]로 길게 끝내도록 한다. 'ㅣ'는 고음에 속하므로 톤을 조금 높이면 훨씬 더 발음이 명확해진다.

'ㅢ'는 위치에 따라 발음이 다르다는 점도 기억해야 한다. 명사의 첫음절에 있는 의사, 의자, 의회의 경우 음가 그대로 발음한다. 단 명사의 끝음절에 위치할 때는 [의] 또는 [이]로 발음하는 게 쉽다. 회의[회:의, 훼:이], 의의[의:의, 의:이], 동의하다[동의하다, 동이하다] 모두 가능하다는 점도 기억해 두자.

●●● 5분 만에 발음이 좋아지는 모음 훈련법

모음 발음법에 대해 자세히 알게 되더라도 우리는 모음 발음에 큰 신경을 쓰지 않는다. 이야기를 빨리해야 하는데 모음 발음을 하나하나 정확하게 하려다 보면 말이 느려진다는 생각을 하게 되는 경우가 많기 때문이다. 모음을 대충대충 발음하면 발음 부분도 문제가 되지만 전달력 또한 크게 떨어진다.

발음이 좋은 아나운서가 자주 사용하는 모음 훈련법은 습관을 만드는 데도 좋지만 단시간에 발음을 잡을 수 있다는 점에서 큰 효과가 있다.

원리는 간단하다. 문장을 읽을 때 모음만 따로 떼서 연습하면 된다. "안녕하세요!"를 예로 들어보자. '안녕하세요'에서 사용되는 자음을 모두 제외하고 모음만 발음해 보는 것이다.

안녕하세요 → 아여아에요

여기서 중요한 것은 정확한 입 모양으로 크게, 조음 위치와 방식을 지켜 발음하려고 노력해야 한다는 점이다. 유명한 명언을 모음만 **따로** 떼어내어 연습해도 좋다.

다음은 내가 행사를 진행 했을 때 실제로 활용했던 디본이다.

원활한 행사 진행을 위해 후대전화는 꺼주시거나
진동으로 바꿔주시기 바랍니다.
워와아 애아 이애으 위애 우애어와으 어우이어아
이오으오 아워우이이 아아이아.

유엔기와 태극기 입장이 있겠습니다.
모두 자리에서 일어서 국기를 맞아주시기 바랍니다.
유에이와 애으이 이아이 이에으이아.
오우 아이에어 이어어 우이으 아아우이이 아아이아.

대한민국을 반드시 지키겠다는 굳은 의지와 각오,
참전 유공자분들의 뜨거운 나라 사랑 정신이 느껴집니다.
애아이우으 아으이 이이에아으 우으 의이와 아오,
아어 유오아우으의 으어우 아아 아아 어이이 으여이이아.

스타카토 발음으로 소리를 밖으로 내면서 한 글자씩 읽어 보는 것도 좋다. 가능하다면 휴대폰을 꺼내 녹음이나 촬영을 한다. 문장을 읽어보면서 모음만 따로 연습하고, 다시 녹음이나 영상촬영을 하면서 처음 읽었던 문장을 그대로 다시 읽어보자. 그 뒤 처음 목소리와 모음 연습 후의 목소리를 비교해 보면 한 번의 연습으로도 달라진 발음을 확인할 수 있다. 그만큼 말하기에서 모음 발음이 중요하다.

매일 조금씩, 정해진 시간에 연습하는 습관을 들여보자. 입술과 입 주변 근육을 움직이는 것을 머리로만 인식하지 말고 자투리 시간을 활용해 직접 따라 해야 한다. 모음 연습은 발음 개선의 기본 중 기본이기 때문이다.

04

정확한 발음을 위한 히든카드

opportunity + job & work + tomorrow

같은 말을 허도 유독 주의를 집중시키는 사람이 있다. 반면 특별히 문제가 있는 것 같지는 않은데 발음이 분명하지 않고 목소리가 입 밖으로 나오지 못하고 웅얼거리는 사람이 있다. 평소 발음에 자신이 없다 하더라도 몇 가지 기술을 잘 구사하는 것만으로도 또박또박한 발음으로 거듭날 수 있다. 발음에 자신이 없었던 내가 연습을 거듭하며 얻은 방법이 있다. 이를 수강생들에게 적용해 단시간에 효과를 얻었던 몇 가지 히든카드를 공개한다.

●● 히든카드 1. 'ㅅ'이 당신의 발목을 잡을 때

개그맨 노홍철 하면 떠오르는 이미지 중 한 가지는 'h' 발음,

'ㅅ' 발음을 잘하지 못하는 사람이라는 것이다. 방송에서도 '수사슴' 발음이 잘되지 않자 화면 자막에 'ㅅ' 대신 'th'로 표기된 글씨가 불꽃처럼 터지기 시작했다. 이렇듯 'ㅅ' 발음이 안 되는 경우 혀 짧은 소리를 한다는 말을 자주 듣는다. 실제 노홍철은 한 프로그램에서 'ㅅ' 발음 문제로 성우가 운영하는 발음 교정 기관을 찾았다. 당시 전문가는 혀를 움직여야 하는 시옷 발음은 보통 5~6세에 배우는데 그 시기에 잘못된 발음을 고치지 못해 생긴 문제로 진단했다. 실제 노홍철은 아들뿐인 가정에서 막내였던 자신이 어린 시절부터 딸 노릇을 하며 과한 애교를 부렸던 것이 이유가 아닌가 생각했다. 같은 이유는 아니더라도 'ㅅ' 발음이 잘되지 않아 고민하는 이들이 적지 않다.

보통 발음이 부정확한 사람들은 자신의 잘못된 발음을 인지하지 못하는 경우가 많다. 하지만 'ㅅ' 발음이 안 되는 사람들은 비교적 빨리 눈치를 채는 편이다. 흔히 아이 같은 말투, 아성(兒聲)으로 불리는 사람들 역시 'ㅅ' 발음이 되지 않는 경우가 많다. 주변에서는 귀엽게 느끼지만 정작 본인은 아이처럼 보인다는 사실 때문에 스트레스를 받는다.

"저는 '감thㅏ 합니다.'가 잘 안 되어서 고민이에요."

'ㅅ' 발음의 교정은 크게 어렵지 않다. 'ㅅ'이 'th'로 발음되는 이유는 혀의 위치 때문이다. 한마디로 혀를 너무 길게 쓰기 때문이라고 할 수 있다. 'ㅅ'을 발음할 때 혀의 위치는 'ㄴ'이나 'ㄷ'을 발음할 때와 비슷하다. 'ㄴ'과 'ㄷ'을 발음할 때는 혀끝이 입천장에 닿지만 'ㅅ'은 근처에 가까이 가기는 하지만 입천장에 닿지 않는다. '스'라고 발음할 때 혀끝이 앞니 바로 뒤 딱딱한 잇몸 밑에 자리하고 잇몸과 닿지 않는 상태에서 공기가 앞으로 빠져나가야 한다. 그런데 혀가 잇몸에 닿거나 거기서 더 길게 혀가 나와 윗니와 아랫니 사이에 끼게 될 경우 영어의 'th' 또는 [드]에 가까운 발음이 된다.

'나-나-나', '다-다-다'를 연이어 발음할 때는 혀가 입천장에 닿지만 '사-사-사'를 발음할 때는 닿지 않는 것을 느낄 수 있다.

'ㅅ' 발음을 연습하는 첫 단계는 연습하려는 낱말에 들어가는 'ㅅ'을 'ㄴ, ㄷ, ㄹ'로 바꾸어 순서대로 연습해 보는 것이다. '감사합니다.'를 연습할 경우 '사' 대신 '나, 다, 라'로 교체해서 연습하고 최종적으로 '사'를 넣어 '감사합니다.'로 발음해 보자

- 감나합니다 → 감다합니다 → 감라합니다 → 감사합니다

혀의 위치만 제대로 잡으면 'ㅅ' 발음은 쉽게 고칠 수 있다. 혀

끝이 입천장에 닿는지, 닿지 않는지 생각하면 자연스럽게 감각을 익힐 수 있다.

- **'역사'의 경우:** 역나 → 역다 → 역라 → 역사
- **'사랑해'의 경우:** 나랑해 → 다랑해 → 라랑해 → 사랑해
- **'수학'의 경우:** 누학 → 두학 → 루학 → 수학

'ㅅ'과 'ㄴ, ㄷ, ㄹ'을 계속 바꾸어 연습하다 보면 'ㅅ'의 위치가 정확하게 교정된다. 연습이 잘되고 익숙해지면 'ㅅ' 발음이 연이어진 [사서소수스시]를 발음하며 혀끝이 입천장에 닿지 않는 정확한 위치로 연습한다. 이전과 달라진 목소리와 발음을 경험하게 될 것이다.

●●● 히든카드 2. 'ㅎ'의 정확한 발음이 전달력을 살린다

'ㅎ'은 자음 중에서 바람 소리가 가장 많이 난다. 'ㅎ' 소리만 잘 내도 발음이 한 차원 높아진다. 'ㅎ' 발음이 중요한 이유는 두 가지가 있다. 우선 단어와 문장에서 'ㅎ' 발음이 많은 편이고 중요한 의미를 담는 경우가 많다. 또 한 가지 중요한 점은 'ㅎ' 발음 자체가 발성을 돕는 소리라는 점이다.

1. 'ㅎ' 발음이 의미를 만든다

초성으로 'ㅎ'이 쓰이는 경우 정확한 'ㅎ' 소리를 내는 것이 중요하다. 단어 속에서 'ㅎ'을 정확하게 들리도록 발음을 할 경우 의미 전달이 명확해진다.

단어에서는 'ㅎ'이 [ㅇ]으로 들리지 않도록 주의해야 한다.

- **고등학교**: 고등악꾜 (X), 고등학꾜(O)
- **대회의실**: 대외의실 (X), 대:회의실(O)
- **사회자**: 사외자 (X), 사회자(O)

서술어로 사용될 때 'ㅎ' 발음이 명확하면 문장이 힘 있게 들려서 자신감이 돋보인다. 우리말은 서술어가 중요하다. 말끝에서 'ㅎ' 소리마다 바람을 뱉으면 발음은 뚜렷해지고 소리도 명료하게 들린다.

- **회의를 시작합니다:** 외의를 사작압니다(X)
- **진행해야 합니다:** 진앵해야 압니다(X)

특히 자주 사용하는 인사말의 'ㅎ' 발음은 첫인상을 좌우할 정도로 중요하다. 회사나 학교에서 회의를 시작하기 전에 대부분

인사를 나눈다. 인사말 한 문장이 첫인상을 좌우하는 것은 물론이다. 결국 '안녕하세요!'만 잘해도 발음이 좋은 사람이 될 수 있다.

- **안녕하세요:** 안녕아세요(X)
- **안녕하십니까:** 안녕아십니까(X)
- **안녕히 계세요:** 안녕이 계세요(X)

2. 'ㅎ' 발음은 시원한 발성이 나온다

'ㅎ' 발음은 소리를 멀리 보내는 특징이 있다. 비강과 구강을 확보해 소리를 더 멀리 내보내기 위해서는 'ㅎ' 발음을 이용해야 한다. '아' 소리를 내기보다 '하' 소리를 내면 연구개가 올라가 구강이 커지고 비강을 울리어 소리가 앞으로 나온다. 처음에 '하' 발음으로 공명강을 확보하고 소리를 내면 '아' 소리로 자연스럽게 이어진다. '히', '헤', '하', '호', '후'를 연습하면 자연스럽게 소리가 올라가고 앞으로 쭉쭉 뻗어나간다. 입안에서 맴도는 웅얼거리는 소리, 자신감이 없는 소리, 먹는 소리 등은 '하', '허', '호', '후', '히', '흐'처럼 'ㅎ'과 모음을 결합해 연습하면 더 또렷한 발성을 가질 수 있다.

●● 히든카드 3. 문장의 끝은 '습니다'로 완벽한 마무리

일상적인 사회생활에서는 거의 존댓말을 써야 한다. 공식적인 자리에서나 예의를 갖추어야 하는 자리에서는 '습니다'로 마무리하는 경우가 많다. '-습니다'라고 말할 때 [씀]을 [슴]정도로 가볍게 발음하는 사람이 많다. 된소리를 강하게 발음하지 않으면 말에 힘이 없어진다. 발음도 부정확해 보인다. 문장을 마무리하는 종결어미인 [씀니다] 발음이 빈약할 경우 야무지지 못한 인상을 줄 수도 있다. 말끝을 흐린다는 느낌도 여기서 나온다.

중요한 면접과 발표를 앞두고 있다면 [씀니다] 발음에 신경 써보자. [씀니다]라는 발음만 잘해도 자신감이 넘쳐 보이는 인상을 전달할 수 있다.

- 지금부터 발표를 시작하겠**습니다**[시:자카겓씀니다].
- 이상으로 발표를 마치겠**습니다**[마치겓씀니다].

종결어미는 문장이 끝나는 구간이기 때문에 오히려 힘이 빠지기 쉽다. 그러므로 [씀니다]라는 발음은 끝까지 힘을 주고 아래턱을 내려 발음하도록 한다. 말을 끝까지 분명하게 하면 말투에 자신감이 넘치고 지적인 느낌이 생긴다. 지적인 느낌을 주는 사람은 절대 만만하게 보이지 않는다. 한 문장을 끝까지 정확하게 말하는 연습을 할 때 '-다'의 음높이는 조금 떨어트리고 길이도 조금 짧게 내는 것이 좋다.

자신감 있는 말투를 원한다면 종결어미를 제대로 연습하고, 한 문장을 끝까지 정확하게 발음하는 습관을 통해 이미지를 변화시켜 보자.

●● 히든카드 4. 아나운서처럼 보이는 장음 발음

단지 조금 길게 발음만 해도 아나운서처럼 보이는 단어들이 있다. 정확히 말하면 숫자이다. 한 드라마에서 눈길을 끈 장면이 있었다. 남자 주인공이 앵커 오디션을 보는 여자 주인공에게 한 말이다.

"장음 기억해?"
"2, 4, 5, 만, 두, 세, 네, 쉰!"

숫자 장음을 쉽게 기억하기 위해 만든 그들만의 표현이었다. 숫자에서는 '2, 4, 5, 만, 두, 세, 네 쉰'을 제외하면 모두 단음이다. 장음이란 긴소리, 길게 내는 소리를 뜻한다. 보통 아나운서들은 장음부호 '(ː)'를 쓰기도 하지만 일반적으로는 따로 표기하지 않는다. 장음이 들어간 단어들을 약간 길게 발음하면 말이 훨씬 고급스러워지고 세련된 느낌이 든다. 아나운서 공부를 하지 않는 이상 단어의 장음을 모두 기억하는 것은 어려운 일이다. 다만 숫자의 장음을 잘 활용하면 상대방에게 자신의 메시지를 정확하게 전달할 수 있다.

정확한 데이터를 근거로 주장해야 할 때, 매출을 강조해야 할 때, 전화번호나 주소를 알려줄 때 장음을 기억해서 활용해 보자.

- 1[일] – 2[이:] – 3[삼] – 4[사:] – 5[오:]
- 1단계[일단계] – 2단계[이:단계]
- 3개월[삼개월] – 4개월[사:개월]
- 5일[오:일] – 6일[유길]

아나운서처럼 모든 언어 사용에 원칙을 지킬 필요는 없어도 일상에서 사용하는 숫자만이라도 장음을 사용하면 그 효과는 배가될 수 있다. 장음 발음법을 활용하면 가장 손쉽게 품위 있는 말투로 보일 수 있다.

●● **히든카드 5. 입술의 유연성을 기르는 스트레칭**

발음이 부정확한 사람들의 특징 중 하나는 이중모음을 단모음으로 발음하는 데 있다. 모음이 두 개이기 때문에 발음을 할 때

두 번 재빠르게 움직여야 명확하게 발음할 수 있다. 입술이 조금이라도 덜 벌어지거나, 덜 움직이는 경우 입 모양의 전환 빠르기가 더뎌 이중모음 발음의 정확도가 떨어진다. 발음이 또렷하게 전달되지 않는 것이다. 이중모음 발음은 단모음보다 어려운 발음이다. 신경을 쓰지 않으면 아나운서들도 놓치기 쉽다.

아나운서 입사 후 신입 교육을 맡은 선배로부터 배운 특별 비법이 있다. 몸의 긴장을 푸는 스트레칭을 시키는 분들이 대부분이었지만 한 선배는 입 근육을 푸는 방법을 긴 시간 강조하셨다. 아나운서에게 입술과 입 주변 근육을 풀어주는 일은 일종의 준비운동인 셈이다.

입술의 유연성을 기르는 연습법으로 세 가지가 있다.

첫 번째, 인중을 늘려야 한다. 인중을 유연하게 늘리기 위해서는 'ㅗ, ㅜ' 모음 연습을 하면 효과적이다. 입술을 최대한 모으면서 인중을 아래쪽으로 늘여보자.

오-오-오

인중부터 턱까지 하관을 아래쪽으로 최대한 벌리면서 인중이 늘어나는 것을 느껴야 한다. 이후 입술을 오리입처럼 앞으로 쭉 내밀어본다.

우-우-우

인중과 크가 맞닿을 정도로 입술을 힘주어 내밀어야 한다. 이제 'ㅗ'와 'ㅜ'를 빠르게 전환하면서 한 번에 소리를 낸다.

와-와-와

두 번째, 입꼬리를 올려야 한다. 이때 모음 'ㅣ'를 이용한다. [이]는 웃는 입 모양으로 소리를 내면 효과적이다. 그러면 미소도 자연스럽게 연습하게 된다. 입꼬리를 최대한 눈까지 끌어올리겠다는 생각으로 시도한다.

이-이-이

미소를 지으려고 하면 광대가 도드라지면서 더욱 보기 좋게 올라간다. 'ㅣ' 이후에는 이전의 단계도 동시에 같이 시도하도록 한다.

오-오-오
이-이-이

외-외-외

    입꼬리와 광대가 올라가는 게 느껴지면 얼굴과 입술 근육이 움직이면서 발음이 또렷해진다. 물론 듣기에도 좋다. 입술이 떨릴 정도로 연습하는 만큼 근육도 이완된다.
    세 번째, 입술을 돌리는 것이다. 입술을 하나의 점이라고 생각하고 원을 그리면 된다. 이는 양방향 대칭적으로 유연하게 운동이 되어야 한다. 어느 한 방향이 잘 움직이지 않는다면 그 근육이 굳어 있다는 뜻이다. 입술로 원이 너무 작게 그려지면 얼굴 근육 전체가 굳어 있다는 의미도 된다. 최대한 크게, 양 볼 근육이 자유자재로 움직여지도록 유연성을 길러야 한다.
    입술을 많이 쓰는 '과', '긔'도 연이어 발음해 보자.

와-외-와-외

    인중과 입꼬리 근육이 유연해졌을 뿐인데 이중모음 발음이 훨씬 또렷해진 것을 느낄 수 있다.
    앞으로 발음 연습을 하기 전에 입술의 유연성을 높이는 스트레칭을 습관화하자. 매일 아침 거울을 보면서 연습해도 좋고, 중요한 발표와 회의를 앞두고 시작해도 좋다. 유연성을 기르는 스트레칭을 하면 할수록 점점 발음과 인상이 달라지는 것을 느낄 수 있을 것이다.

> One Point Lesson 1

인생을 업그레이드하는 발음의 힘

좋은 목소리를 만드는 데는 마음과 기술이 필요하다. 마음은 잘할 수 있다는 자신감이고, 기술은 발성과 발음, 호흡하는 방법을 아는 것이다. 바꾸어 말하면 목소리가 좋지 않으면 발음하는 방법을 모르고 자신감도 부족하다는 이야기가 된다. 명확한 발음법을 알게 되면 말은 힘을 얻게 되고, 이를 바탕으로 성취하고자 하는 바를 자신 있게 도전할 수 있다.

비지니스 말투로 고객을 사로잡다

치과협회 초청으로 스피치 강의를 진행한 적이 있다. 부산 출신 20대

후반 여성은 서울에서 성형외과 상담실장을 맡게 된 지 3년이 됐는데 사투리가 교정되지 않는다며 개별 코칭을 요청했다. 그녀는 고객 응대는 물론 시술 설명에 품격이 있어야 한다는 병원 측의 요청으로 발음 문제를 시급히 개선하고 싶어 했다. 가장 큰 문제는 'ㅅ' 발음이었다. 혀의 위치가 너무 앞으로 나와 있어서 발음이 더 새는 듯한 느낌이 들었다. 앞서 말했듯이 'ㅅ' 발음은 본인이 혀 위치만 잘 인지하면 생각보다 쉽게 고칠 수 있다. 그녀에게 'ㅅ' 발음 시 혀의 위치가 니은과 디귿과 같은 위치라는 점을 주지시키고 연습하도록 했다. 연습을 거듭한 결과 발음이 교정되면서 말투가 훨씬 부드러워졌다. 이어 그동안 콤플렉스가 된 사투리를 교정하기 위해 음의 높낮이를 낮은음의 평조로 만들어 읽는 연습을 시작했다. 평소 상담 시 자주 사용하는 멘트를 적게 하고 이를 평조로 읽어 녹음해 들으면서 고쳐나가는 것이다. 물론 처음에는 어색하고 딱딱하게 느껴진다. 그러나 평조 연습이 되면 말하는 듯이 포즈를 넣고, 장단음을 지켜가며 발음을 하게 돼 말투가 자연스럽게 고쳐진다. 그녀는 연습을 거듭하면서 상담 때만큼은 사투리를 쓰지 않게 되어 만족스럽다고 했다.

말이 변하면 삶도 변한다

최종 면접에서 실패가 계속되는 20대 취준생을 가르친 적이 있다.

이력서와 자기소개서를 살펴본 결과 명문대 학벌로 좋은 전공에 충분한 자격증을 갖추고 있었다. 그런데도 늘 면접을 통과하지 못한다는 것이다. 그를 만난 뒤 5분도 지나지 않아 이유를 알 수 있었다. 그는 자신감이 바닥을 치고 있었다. 해당 학생은 면접장에서 본인을 어필할 수 있는 말하기 방법을 배우고 싶어 했다. 하지만 자신감부터 끌어올리는 것이 급선무라 생각했다. 우선 '칭찬 노트'를 써보라고 제안했다. 그러곤 매일 자신을 칭찬해 보기를 권했다. "저를 칭찬할 만한 게 딱히 없는데 어쩌죠?" 사소한 것이라도 좋으니 일단 써보자고 했고 이와 동시에 기본적인 발성 연습도 병행했다. 두 달쯤 지났을 때 그가 스스로 문제점을 찾아냈다.

어릴 때부터 공부를 잘했지만 늘 스스로 부족한 사람으로 생각하고 있었다는 것이다. 외고에서도 중간성적이었고, 명문대에서는 자기보다 더 우수한 학생이 많아 위축되어 있었다. 그런데 칭찬 노트를 쓰면서 본인도 잘하는 게 많고 괜찮은 사람이라는 생각으로 바뀌었다. 이후 말하기가 달라졌다. 말에 힘이 생기면서 자신감이 붙었다. 마침내 그는 국내 1위 철강기업에 합격하게 되었다. 'Attitude is everything(태도가 전부다).'이라는 말이 있다. 생각이 바뀌고 말이 바뀌면 사람의 태도가 달라진다. 그 역시 생각이 바뀌고 말이 바뀌자 180도 다른 사람이 되었다.

말에는 힘이 있다. 목표한 일도 내가 말하는 대로 이루어진다. 문제는 말하는 힘을 연습으로 길러야 한다는 점이다. 앞의 사례와 같이 지금 목표한 일이 있다면 말로 정확하게 표현하는 연습을 당장 시작해야 한다.

> One Point Lesson 2

뉴스 리포트를 통한 발음 훈련 방법

뉴스는 사실을 정확하게 전달하는 기능을 한다. 언어적인 측면에서는 시청자들이 편안하게 듣고 이해할 수 있도록 만들어진다. 또한 사건의 핵심을 파악하고 정확하게 전달하는 방법도 배울 수 있다. 매일 듣는 뉴스를 좋은 교육자료로 활용하여 발음 연습을 해보자. 다른 사람의 발음을 듣고 자신의 발음을 비교하여 연습하면 짧은 시간 안에 교정할 수 있다. 이는 원고 작성과 말하는 방법을 동시에 배울 수 있는 좋은 방법이다.

뉴스 리포트로 발음 훈련하기
① 리포트 읽기
② 들리는 대로 받아쓰기
③ 장단음을 표기하여 읽기
④ 발음 훈련 방법 적용해 다시 읽기

① 리포트 읽기

국제금융협회가 지난 3분기 기준 세계 부채 보고서를 펴냈습니다. 주요 34개국 GDP 대비 비금융기업 부채 비율을 보면 우리나라는 126.1퍼센트 포인트로 세 번째로 높았습니다.
한국을 웃도는 곳은 홍콩과 중국뿐이었습니다.
한국 GDP 대비 기업 부채 비율은 2분기보다 5.2퍼센트 포인트 뛰었는데, 말레이시아에 이어 두 번째로 높은 증가 폭입니다.

경제뉴스 리포트의 일부분이다. 연습하고자 하는 뉴스 기사를 선택하여 평소 읽던 습관대로 읽어보자.

② 받아쓰기

구쩨그뮹혀되가 지난 삼분기 기준 세계 부채 보고서를 펴낸씀니다. 주요 삼십사개국 쥐디피 대비 비그뮹기업 부채 비유를 보면 우리나라는 백이십육쩜 일퍼센트로 세번째로 노팠씀니다.
한구글 우또는 고슨 홍콩과 중국뿌니얻씀니다.
한국 쥐디피 대비 기업 부채 비유른 이분기보다 오쩜이퍼센트 포인트 뛰얻는데, 말레이시아에 이어 두 번째로 노픈 증가 포김니다.

 들리는 대로 문장을 받아써 보자. 자신이 소리를 내야 하는 말을 글로 확인하는 것이다. 그리고 그 소리에 맞춰 입을 크게 움직여 소리 내서 읽어보자. 현직 아나운서들이 자주 활용하는 방법으로 특히 발음이 잘 되지 않는 단어의 실수를 막을 수 있다.

③ 장단음을 표기하여 읽기
구쩨그뮹혀퐈가 지난 삼분기 기준 세:계 부채 보:고서를 펴낻씀니다.
주요 삼십사:개국 쥐디피 대:비 비그뮹기업 부:채 비:유를 보면 우리나라는 백이:십육쩜 일퍼센트로 세:번째로 노팠씀니다.
한:구글 우또는 고슨 홍콩과 중국뿌니얻씀니다.
한:국 쥐디피 대:비 기업 부:채 비:유른 이:분기보다 오:쩜이:퍼센트 포인트 뛰얻는데, 말레이시아에 이어 두: 번째로 노픈 증가 포김니다.

 발음을 단기간에 변화시키는 방법으로 장단음을 지키는 것이 있다. 장음과 단음을 원고에 표시하고 제대로 지켜 읽어보면 된다. 장음이라고 해서 너무 길게 발음할 필요는 없고 다른 음절보다 조금 길게 발음하면 된다. 각 단어의 발음을 찾아야 하는 불편함은 있지만, 오히려 전체 발음이 더욱 또렷해지고 잘 들리는 효과가 있다.

④ 발음 훈련 방법 적용해 다시 읽기

국제금융협회가 지난 3분기 기준 세계 부채 보고서를 펴냈습니다. 주고 34개국 GDP 대비 비금융기업 부채 비율을 보면 우리나라는 126.1퍼센트 포인트로 세 번째로 높았습니다.
한국을 웃도는 곳은 홍콩과 중국뿐이었습니다.
한국 GDP 다 비 기업 부채 비율은 2분기보다 5.2퍼센트 포인트 뛰었는데, 말레이시아에 이어 두 번째로 높은 증가 폭입니다.

앞서 두 단계의 발음 훈련 방법을 적용해 원래 원고를 읽어보자. 처음에 읽었던 발음과 소리 나는 대로 적은 1단계 연습, 장단음을 적은 2단계 연습, 원본을 다시 읽는 3단계 과정을 모두 녹음할 것을 권한다. 단계별 녹음 내용을 비교해 보면 어느새 발음이 더욱 또렷해지고 입도 더 열심히 움직이는 자신을 발견하게 된다. 처음에는 이 모든 과정이 지루하게 느껴질 수 있다. 하지만 단계적으로 연습하다 보면 어려웠던 발음도 어느새 실수 없이 소리를 내는 모습을 발견할 수 있다. 발음도 연습의 힘으로 충분히 극복할 수 있다.

Chapter 4

말 잘하는 사람의 말투

Miracle Essay

어버버하지만
프로가 되고 싶어서

일을 잘해도 말을 못하면 아무도 모른다

"7년 차에 업무도 인정받고 있는데 PT만 하면……."
"말하려고 하면 어버버해서 일을 못하는 사람처럼 보여요."
"제 말을 못 알아 듣겠다고 하는데 저를 싫어하는 걸까요?"

일반인 수강생 중 직장인들이 늘어가는 추세이다. 그들이 스피치 학원을 찾는 이유는 모두 말 때문이다. 모두들 입을 모아 열심히 일하고도 말을 잘하지 못해서 자신의 업무와 역량을 제대로 평가받지 못한다고 이야기한다. 그들에게는 자신과 정반대의 말을 잘하는 동료들도 적지 않다. 이른바 일보다 말을 잘하는 사람들도 많다. 동료들 사이에 평가가 그다지 좋지 않아도, 맡은 업무가 우수하지 않아도, 말로 직장생활을 슬기롭게 하는 동료들이다. 이쯤 되면 상대적 박탈감을 넘어 우울감에 시달린다.

첫인상이 유난히 좋았던 대기업 2년 차 남자 수강생이 있었다. 대기업에 재직 중으로 그간의 커리어도 좋은 편이었다. 외모도 나무랄 데가 없었다. 그에게 딱 하나 아쉬운 부분이 있다면 바로 말이었다. 목소리 톤이 높은 편이고, 떨림도 제법 있었다. 긴장하면 그 강도는 더 높아진다고 했다. 직장에서 일도 잘한다고 인정받는데, 얼마 남지 않은 발표가 문제였다. 승진에서 미끄러지는 것도 혹시 발표나 자신의 말에 문제가 있지 않나 생각하고 있었다. 성과자료를 함께 만들고도 늘 발표를 피했던 자신과 달리 발표를 도맡았던 동료는 승진했다고 했다. 실제 많은 수강생이 비슷한 고민을 하고 있다.

취업을 앞둔 대학생들도 마찬가지이다. 비슷한 성적과 실력, 자격증을 갖추고도 면접에서 매번 말실수가 생긴다.

아무리 떨려도 이번만큼은 자신이 발표를 해보겠다고 결심한 수강생, 이번에는 무조건 면접을 통과해서 취업에 성공하겠다는 취업준비생, 협업에서 자신의 생각을 잘 설명하고 싶다는 직장인, 뚜렷한 목표는 없어도 말을 잘한다는 소리를 듣고 싶은 사람들까지 지금은 어버버하고 있어도 프로처럼 말하고 싶은 사람들이 많다.

우리는 말하기로 실력을 평가받는 사회에서 살고 있다. 내 생각을 제대로 표현하려면 말에도 기술이 필요하다. 때와 장소에 따라, 상대에 따라, 협상과 협의 목적에 따라 적합한 말하기 기술이 필요하다. 지금부터 나를 더 빛나 보이게 해주는 말하기 기술과 방법을 연습해 보자.

01

나의 말투가
곧 내가 된다

opportunity + job & work + tomorrow

●● **생각을 담는 나의 말 그릇**

'말 공장'이라 불리는 방송국에서 지내다 보면 말로 인한 사건 사고를 자주 목격한다. 말 한마디가 선행이 되기도 하고 말 한 마디를 잘못해서 돌이킬 수 없는 상황을 맞이하기도 한다. 조직이나 공동체에서도 말로 인해 좋은 평가를 받기도 하고 반대의 경우도 생긴다.

말은 개인의 경쟁력으로 평가받기도 한다. 말 잘하는 사람은 매력 있는 사람으로 평가받고, 말 잘하는 사람이 일 잘하는 사람으로 인식되기도 한다. 말은 한 사람의 입에서 나오지만 천 사람의 귀로 들어간다는 말이 있다. 그만큼 말의 파급력이 크다는 이야기이다. 이보다 더 중요한 사실은 스스로 하는 말이 자신을 평가하는 기준이 된다는 사실이다.

『말의 온도』를 쓴 이기주 작가는 사람의 입에서 태어난 말은 "돌고 돌아 어느새 말을 내뱉은 사람의 귀와 몸으로 다시 스며든다."라고 이야기한다. 말은 내 입에서 나와 다시 내게로 돌아온다는 의미이다.

말에 대한 법정 스님의 정의는 더욱 직설적이다. 저서『존재의 집』에서는 "생각이 맑고 고요하면 말도 맑고 고요하게 나온다. 생각이 야비하거나 거칠면 말 또한 야비하고 거칠게 마련이다. 그러므로 그가 하는 말로써 그의 인품을 엿볼 수 있다."라고 말하며 말을 '존재의 집', 곧 사람의 생각을 담는 그릇이라 설명한다.

말은 마음과 생각을 변화시킨다. 말이 행동으로 이어지면 사람의 운명을 결정하기도 한다. 인격이 밴 격조 있는 말은 사람의 마음을 평안하게 하고 지혜를 준다. 반면 같은 말을 해도 감정을 상하게 만드는 사람이 있다. 한두 번 같은 상황을 겪고 나면 그 사람과 말을 나누는 것을 피하게 된다. 그러다 결국 그 사람을 만나고 싶지 않게 될 것이다.

말은 나를 드러내는 거울이다. 그러므로 말에 내용과 형식, 감정을 올바르게 담아야 한다. '그 말은 괜히 했어.', '그때 그 말은 하고 왔어야 하는데…….' 등 자신이 내뱉은 말이나 차마 건네지 못한 말로 후회하는 일이 많다. 말투는 곧 나이다. 말하는 사람의 생각과 인격, 인상과 감정까지 그 사람을 규정짓는다.

"말투만 바꿔도, 인사만 잘해도 사회생활이 편해진다."라는 말이 있다. 선배가 후배에게, 사수가 신입사원에게 기세를 잡기 위해 하는 말이 아니다. 말 한마디가 첫인상부터 좋은 태도를 지닌 후배로 보이게 한다. 하나라도 더 알려주고 싶은 마음이 드는 건 당연하다. 다정하고 따뜻한 말만 전해도 능력과 역량이 몇 배는 빛날 수 있다. 사회생활에서 말투는 곧 관계의 시작이자 끝이다. 말을 잘하면 좋은 내면을 드러낼 수 있다. 말이 생각을 전하고 곧 나를 만든다.

•• 기분이 태도처럼 보이지 않게

회사에서 일하다 보면 다른 사람의 말에 일희일비하게 될 때가 있다. 같은 말이라도 다정하게 하는 사람이 있고, 유머러스한 말로 훈훈한 분위기를 만드는 사람이 있다. 이들로 인해 일하는 곳은 활력이 넘치고 웃을 일도 생긴다. 하지만 말이 있는 곳에서 탈이 나기도 한다. 말 한마디에 가시가 있을 때도 있고, 그 말로 상처를 받기도 한다. 중요한 업무를 진행할 때는 더욱 예민해진다. 말을 걸지 못하게 이어폰을 끼고 일하는 후배, 키보

드 두드리는 소리가 예민해서 모두를 긴장시키는 동료, 사소한 실수도 놓치지 않고 지적하는 상사까지 모두가 기분이 태도로 드러날 때 일어나는 일이다. 이때 말을 조심해야 한다. 요즘처럼 카카오톡이나 메신저로 이야기할 때는 감정 없이 전달되는 문자가 곧 말인 셈이므로 오해는 커진다.

드라마 〈더 글로리〉에서 여주인공을 괴롭히는 동료 교사는 끊임없이 말로 자신의 기분을 드러내고 상대를 공격한다.

"남자였으면 진짜 세게 한 대 맞았어."
"난 드센*들이 싫어."

기분을 드러내고 말하는 사람들은 자기 기분을 다른 사람들이 모르지 않을까 하는 불안감에서 시작한다고 한다. 그래서 자기 기분을 전하기 위해 말로 조금씩 티를 내고, 유리한 상황을 만들어내기 위해 애쓴다. 드라마에서 빌런 역할을 맡은 동료 교사는 여주인공에게 무리한 업무를 시키면서 끊임없이 자극한다. 자신의 기분을 맞춰주지 않으면 불이익이 있음을 경고하기도 한다. 이렇게까지 기분을 드러내면 상대에게 똑같은 방법으로 대응한다고 해서 상황이 좋아지지 않는다. 이 경우 상담전문가들은 먼저 의도를 인지하고 있음을 알려줄 필요가 있다고 지적한다. '당신이 이렇게 애쓰고 있는 것을 우리는 알고 있다. 그러니까 그만해도 된다.'라는 메시지를 주는 것이다.

"피곤해 보이시네요."

지금 당신이 기분을 제어하지 못해 피곤할 정도로 에너지를 많이 쓰고 있다는 사실을 알려주라는 것이다. 그렇게 화를 내니 피곤하겠다는 식의 지적은 상대방이 스스로 문제를 인식하게 하는 효과가 있다.

말 한마디가 곧 내가 된다. 이는 변하지 않는 진리이다.

●● 실수를 두려워하면 말이 늘지 않는다

실수를 했다 하더라도 말하기를 두려워해서는 안 된다. 나 역시 실수가 잦은 사람이었다. 인생의 중요한 순간마다 한 번씩 넘어졌다. 외국에서 학교에 다니던 어린 시절에는 서툰 언어로 실수를 해서 오해를 사기도 하고 이로 인해 사과하는 일도 빈번했다. 대학을 마치고 한국으로 돌아왔을 때는 취업의 현실을 알지 못해 실수를 거듭했다. 어렵게 취업을 해서도 문화적인 차이를 발견할 때마다 여러 차례 탈락하는 실패를 통해 배우고 조금씩 성장했다. 실수를 몸으로 배우고 훈련하다 보니 실수에 대한 두려움이 조금씩 사라졌다.

아나운서라는 직업은 최상의 컨디션으로 최고의 결과를 보여주어야 한다. 하지만 시시각각 들어오는 속보, 예기치 않은 방송사고 등이 늘 일어나기 마련이다. 중요한 것은 실수에 발목이 잡히면 더 큰 실수가 이어진다는 점이다.

KBS 목포 방송국에서 9시 뉴스를 진행했을 당시 제작 프로듀서가 뉴스를 빨리 끝내라는 신호를 보냈다. 평소보다 빠른 속도로 진행하다 긴장한 나머지 말이 꼬였다. 실수가 나오자 손이 떨리고 가슴이 두근거렸다. 과한 수신호를 보냈던 담당 프로듀서가 원망스러웠다. 다시 상황이 바뀌어 리포트를 하나 더 진행해야 한다는 오더가 들어왔다. 당장 떨리는 마음을 다잡아야 했다. '실수는 나중에 생각하자. 두 번의 실수는 용납할 수 없어.'라고 생각했다. 1분이 채 안 되는 시간 동안 긴 터널을 헤맨 듯했다. 방송이 끝난 후 해당 영상을 돌려보았다. 어떤 이는 실수처럼 보이지 않는다고 했고, 또 어떤 이는 위기 대처를 잘해 주었다고 격려했다. 하지만 내 눈에는 나의 실수만 보였다. 나는 조금 전과 같은 상황이라면 어떻게 해야 할지 그림을 다시 그려보며 위기 대처 방법을 익혀 갔다. 몇 가지 아이디어가 떠올랐다. 뉴스는 계속된다. 속보도 언제든 발생한다. 한 번의 실수를 통해 이전에 경험하지 못했던 변수를 찾아낼 수 있었다.

실수하더라도 끊임없이 노력하다 브면 실수를 잘 다루는 법이나 실수를 통해 제대로 성장하는 법을 배우게 된다. 실수를 두려워하면 말하기는 늘지 않는다. 아직 일어나지도 않은 실수를 염려해 말하기를 두려워할 필요는 없다.

02

결론부터 말하는 기술

opportunity + job & work + tomorrow

●●● 그래서 내가 하고 싶은 말은

"그러니까, 핵심이 뭐야?"
"할 말만 하면 안 될까?"
"제발 핵심에서 벗어나지 말고!"

앞뒤 없이 말하는 탓에 의사소통이 힘든 사람, 사람들 앞에서 발표하거나 의견을 말할 때 내용이 산으로 가는 사람들이 있다. 말하는 입장에서도 상대방이 도대체 무슨 말을 하는지 모르겠다는 반응을 보이면 식은땀이 날 것이다.

다양한 프로그램과 행사를 진행하다 보면 말을 잘하지 못하는 사람이 상대를 얼마나 불편하게 만드는지 알게 된다. 지방자치단체에서 주관한 행사를 진행한 적이 있다. 문화프로그램을 동반한 행사였기에 교양 강의가 연이어 열렸다. 100여 명 이상 내빈이 참석했고, 주제도 흥미로워 나 역시 기대가 컸다. 강의가 시작되고 얼마 되지 않아 주변이 어수선해지기 시작했다. 긴장한 상태였는지 강사의 목소리가 떨렸다. 목소리가 떨리니 내용을 알아듣기 힘들었다. 불안한 상태가 지속되자 강의는 준비한 내용을 벗어나기 시작했다. 더 잘하고 싶은 마음에 에피소드를 소개하기도 했지만 강의 주제와 맞지 않았다. 이야기가 방향을 잃자 수습하기 힘들어 보였다. 곧 청중의 반응이 나타났다. 휴대전화를 꺼내 보거나 급기야 눈을 감고 조는 사람들이 생겼다. 강의가 마무리될 시간이었지만 강사는 같은 말을 반복할 뿐 결론을 이끌지 못했다. 청중의 인내심이 한계에 이른 듯했다. '그런데 여기서 중요한 메시지를 몇 가지 더 말씀드리면……."이라고 하고 다시 본론으로 돌아가는 이야기가 이어졌다. 그때부터 자리를 뜨는 사람이 생겼다.

말에 주제와 논리가 없으면 듣는 사람을 힘들게 한다. 자신의 시간과 노력을 허투루 쓰게 만드는 일을 참고 넘길 사람은 없다. 당시 강의를 듣겠다고 자리를 지켰던 청중들은 실망감을 감추지 못했다.

반면 에피소드만으로 좌중을 압도하는 강의가 있다. 사업의 시작과 실패, 그를 통해 배운 교훈 등 전하고자 하는 메시지가 분명하면 특별한 이론과 지식이 없어도 듣는 이의 공감을 불러일으킨다. 잔잔한 이야기지만 사람들은 1시간이 어떻게 지나갔는지도 모를 만큼 충분한 감동을 얻고 기립박수를 친다.

말을 잘하는 것은 특별한 일이 아니다. 말하고자 하는 요점을 명료하게 전달하는 것으로 충분하다. 내비게이션이 길을 안내하며 운전자를 안심시키듯 듣는 사람에게 전하고자 하는 메시지를 헤매지 않고 전달하면 된다. 듣는 사람도 길을 안내받듯 알아서 재미를 느끼게 된다.

답변할 때도 마찬가지이다. 질문의 핵심을 파악하고 중요 포인트를 짚어주면 된다. 그러면 질문자도 시원하고 명쾌한 해답을 얻는다. 질문의 의도를 파악하지 못해 답변이 모호하고 논리가 없으면 질문자는 당황한다. 자신의 질문이 잘못되었다고 오해를 하거나, 상대가 질문을 알아듣지 못한다고 답답해할 것이다. 질문의 요지, 답변의 핵심 메시지를 파악하는 것은 면접이나 업무에서도 중요한 요소가 된다.

•• 키포인트를 말하는 습관

대화 도중 갑자기 머릿속이 하얗게 된다면, 말은 많이 하는데 알맹이는 없다면, 주제와 동떨어지는 내용을 계속 늘어놓는다면 가장 먼저 할 일은 말을 멈추는 것이다. 우선 키포인트부터 찾고 말해야 한다. 상대방이 무슨 말이냐고 되묻지 않고, 했던 말을 반복하지 않는 것만으로도 서로가 편안해진다. 그때 횡설수설하지 말고 키포인트를 생각하고 말하는 것이 좋다.

핵심 주제, 즉 키포인트는 생각을 논리적으로 만든다. 대화나 발표 도중 상관없는 이야기를 하거나 얼버무리면 원래의 주제로 돌아오기까지 많은 시간이 걸린다. 그러다 어느 순간 전달하려고 했던 메시지까지 잊어버리고 만다. 생각나는 대로 말하면 상대방도 도대체 무슨 말인지 알 수가 없다. 그러므로 키포인트를 찾는 것은 생각을 정돈하는 매우 중요한 일이다.

키포인트가 있는 말과 없는 말은 생김새가 다르다. 키포인트가 있으면 말의 시작과 몸통, 끝의 구조가 명확하다. 처음과 끝이 분명해서 어떤 내용인지 한번에 파악할 수 있고 포함된 뜻도 왜곡 없이 전달된다. 키포인트를 만드는 방법에 대해 많은 전문가는 다음 3단계의 과정을 추천한다.

- 1단계: '나는 생각한다.'라는 문장에 다양한 생각 집어넣기
- 2단계: 누구나 생각할 수 있는 당연한 생각 걸러내기
- 3단계: 애매모호한 형용사를 썼는지 살펴보기

1단계에서는 무엇이 문제이고, 무엇이 중요한지 생각해야 한다. 2단계에서는 요점을 찾아내고 정리하는 과정에서 식상한 생각을 걸러낸다. 이때 합리적으로 반론이 제기될 수 있는지, 문장의 근거를 제시할 수 있는지 충분히 검토해 본다. 이 과정에서 논리가 저절로 갖춰진다. 마지막 3단계에서는 이 문장으로 설득이나 주장을 펼칠 수 있는지 살펴본다. 동시에 불명확한 표현이나 생각을 걸러낸다. 이 과정을 거치면 앞뒤가 정확한 생각이 완성된다.

예를 들어 마케팅 전략을 수립한다고 가정해 보자.

"나는 생각한다."라는 문장 안에 마케팅 전략, 문제점, 고객의 상황, 회사의 현실과 선택 등 다양한 질문에 대해 대답한다. 그 과정에서 당연한 생각을 걸러내고 핵심적인 키워드만 남긴다. 마지막으로 애매모호한 표현과 불필요한 형용사를 줄이면 핵심 키워드, 핵심 주제, 생각의 요점만 남는다.

나는	우리 마케팅 전략이 제품의 생산에만 지나치게 집중하고 고객의 욕구는 충분히 고려하지 않는다고	생각한다.

 키포인트를 찾는 과정을 훈련하다 보면 모든 과정에 대입할 수 있는 이점이 있다. 회사에서 프레젠테이션하거나 수업에서 발표할 때도 유용하다. 일상적으로는 다른 사람과 토론을 할 때도 사용할 수 있다.

 정리되지 못한 생각을 하나로 정리하면 말도 깔끔해진다. 키포인트를 찾았다면 상대방에게 자신감을 가지고 말해 보기를 권한다. 상대방이 계속 듣고 싶어 하고 공감한다면 B로 결론을 얻을 수 있다. 같은 과정으로 키포인트를 찾을 때는 적절한 다른 단어를 사용할 수도 있다.

"나는 … 제안한다."
"나는 … 설명한다."
"나는 … 추천한다."
"내가 … 권유한다."

 내가 전달하고자 하는 메시지를 정확하게 기억하고 있으면 어떠한 상황에서도 할 말을 놓치거나 흔들리지 않는다. 자연스레 말을 끝까지 끌고 가는 힘도 생긴다. 다른 사람의 평가에 눈치를 볼 일도 없다. 키포인트가 명확하게 세워져 있다면 실제 상황을 대비한 시나리오도 마련할 수 있다. 그러니 키포인트를 자신 있게 활용하자. 말할 재료가 만들어져 있다면 당신의 숨은 어휘력도 발휘될 것이다.

●● 상대방의 눈높이를 맞추는 말 습관

내가 말할 핵심 메시지를 만들었다면 다음 단계는 듣는 사람을 배려해야 한다. 말은 듣는 사람을 향한다. 말을 잘하는 사람들의 공통적인 특징은 상대방에 맞춰서 말을 한다는 점이다. 어떤 말을 하든, 어떻게 대화를 하든 상대를 배려하는 눈높이 말하기가 중요하다. 눈높이 말하기를 하는 다섯 가지 방법은 다음과 같다.

첫째, 상대방의 눈을 맞춰야 한다. 아이컨택만 하는 것이 아니라 상대방의 눈을 통해 감정을 나누어야 한다. 듣는 사람의 반응에 응답하고 양쪽이 모두 의미 있는 대화를 하고 있는지 살펴야 한다. 힘든 일을 겪고 있는 사람에게 위로를 건네는 것이 우선인지, 힘내라는 응원의 메시지를 해도 될 때인지 살필 수 있도록 눈을 맞추며 감정을 읽어야 한다.

둘째, 취향과 관심사를 맞추어야 한다. 말도 취향을 존중해서 해야 한다. 정치적 성향이나 종교 문제 등 자신의 가치관이 들어간 문제라면 더욱 그렇다. 관심사 역시 마찬가지이다. 공통 관심사가 아닌 서로 다른 관심사로는 진심 어린 대화가 이어지기 어렵다. 한 사람이 일방적으로 듣기만 해서 대화를 오래 이어갈 수 없기 때문이다.

셋째, 속도를 맞추어야 한다. 사람은 긴장하면 말이 빨라진다. 말이 빨라지면 호흡이 가빠지기 때문에 이야기를 설득력 있게 전달할 수 없다. 말이 빨라지면 상대방 또한 듣기 거북해진다. 말은 서로의 속도에 맞게 오가는 것이 좋다. 말하는 속도뿐 아니라 이해하는 속도도 맞추어야 한다. 상대방이 이해하고 있는지, 조금 더 듣고 생각할 시간이 필요한지도 살피는 것이 좋다.

넷째, 스타일을 맞추어야 한다. 말도 각자의 스타일이 있다. 많은 말을 나누는 것을 좋아하는 사람인지, 필요한 말만 천천히 하는 사람인지 살펴야 한다. 공격적으로 허물없이 말하는 사람이 있고, 그런 말에 상처를 받는 사람들이 있다. 말하는 것을 좋아하는 사람을 만나면 말할 기회를 많이 만들어주고, 수줍음이 많은 사람이라면 적극적인 호응으로 격려해 주는 것이 좋다.

마지막으로 상대의 상황과 수준을 맞추어야 한다. 상대방 나이, 교육의 정도, 현재 대화를 하는 상황과 장소 등을 맞출 수 있어야 한다. 그 상황에 적합한 말의 정도도 따져볼 수 있어야 한다. 내가 하는 말의 핵심과 상대방의 상황이 맞춰질 때 말은 더 큰 힘을 얻는다.

이상 다섯 가지 방법은 상대방에 대한 관심과 배려에서 출발한다. 대화는 사람간의 관계를 이루는 말하기인 만큼 항상 상대방을 염두에 두어야 한다.

03

기회를 만드는 발표의 기술

opportunity + job & work + tomorrow

•• 당신이 발표를 두려워하는 이유

"아나운서들은 발표를 잘하죠?"
"어디 가서도 말로 기죽진 않겠어요."

대중 앞에서 말하기에 익숙한 아나운서라면 발표 불안이나 무대 공포증이 심하지 않을거라고 생각한다. 하지만 많은 선후배의 이야기를 들으면 그렇지 않다. 구대 공포증을 극복하려고 타 방송사의 경연 프로그램에 도전하는 신입 아나운서도 있다. 해보지 않은 프로그램이 없을 것 같은 연륜 높은 선배들도 '온

에어' 불이 켜지면 긴장하게 된다고 고백한다. 그들은 오히려 긴장이 없을 때를 경계해야 한다고 조언한다.

우리가 말을 연습하는 이유는 사람들 앞에서 두려움 없이 말을 잘하기 위해서이다. 물론 사람들 앞에서 말을 잘한다는 것은 어려운 일이다. 많은 사람 앞에서 발표해야 할 때 순서가 다가올수록 긴장감은 커진다. 말해야 할 자리가 중요할수록, 사람이 많을수록 두려움은 더욱 크다. 목소리는 떨리고 눈앞은 캄캄해진다. 손바닥과 등줄기로 식은땀도 흐른다. 다리와 손이 떨리면서 호흡이 가빠지기도 한다. 말을 더듬거리거나 아예 말이 나오지 않는 상태까지 경험할 수도 있다. 이 모든 현상이 지나친 걱정과 긴장, 각성으로 생기는 발표 불안이다.

발표 불안은 자신을 과소평가하거나 과대평가하는 과정에서 생기기도 한다. 너무 잘하려는 마음에 주변을 많이 의식해서 생길 수도 있다. 발표에 대한 부정적인 경험이 형성되어 나타나기도 하고, 익숙지 않은 것에 대한 경계와 두려움 때문에 생길 수도 있다. 불안감이 커질수록 발표하는 내용보다 긴장과 각성 상태에만 집중하게 되어 사람들의 피드백에 과민 반응을 보이기도 한다. 지나친 각성으로 흥분되면 준비한 내용을 제대로 꺼내지 못하고 이야기의 맥락을 잃어 횡설수설하다 끝날 수도 있다. 극도의 흥분상태에서 싸울 때 논리적이고 합리적인 말이 나오지 않는 것과 같은 이치이다. 발표를 듣는 사람들의 시선을 지나치게 의식하지 말고 너무 잘하려고 애쓰지 않으면 문제가 되지 않는다. 발표를 무작정 불안해할 필요는 없다. 발표는 내용만 잘 전달하면 충분한 목조을 달성하는 것이다.

●● 발표 불안을 극복하는 자가 문답법

발표에 대한 불안이 생기는 이유는 타인의 평가가 두렵기 때문이다. 우리는 남들의 시선에서 온전히 자유로울 수 없다. 많은 사람의 이목이 모이면 불안과 두려움을 느끼는 것은 당연하다. 무슨 생각을 하는지 알 수 없는 수많은 눈이 자신을 바라보고 평가한다는 생각만으로 온몸이 후들거린다. 피할 수도 없고 대충하고 끝낼 수도 없다. 타인의 평가를 무시할 수는 없어도 생각을 유연하게 만들 수는 있다. 발표 스트레스를 적게 받는 방법으로는 몇 가지 선택지가 있다.

- 발표를 회피한다.
- 청심환 등 떨리지 않게 도와주는 약을 먹는다.
- 발표 불안을 조절하는 생각을 한다.
- 연습과 기술을 훈련한다.

발표를 회피하거나 약이나 술의 힘을 빌리는 일은 응급처방에 불과하다. 능동적인 대처법은 발표 불안을 조절하는 방향으로 생각을 바꾸거나 연습으로 준비를 잘하는 방법일 것이다.

불안을 줄이기 위해서 적극적으로는 병원을 찾을 수 있겠지만 간단한 문답법으로 연습하는 방법도 있다.

대학원에서 학술 과제를 발표할 기회가 생겼다고 가정해 보자. 팀을 대표해 안건을 발의해야 하는 상황이다. 참석자 대부분이 전문가인 상황에서 머릿속에서는 '어눌해 보이면 어떻게 하지? 실수하면 어떻게 하지? 내용이 부실하다고 생각하면 어떻게 하지?' 하는 생각들이 가득하다. 이러한 부정적인 감정에 대해 윤동욱 정신과 전문의는 소크라테스 문답법을 사용하라고 권한다. 소크라테스는 지식을 직접 가르치기보다 대화와 문답을 통해 상대가 스스로 자신의 무지와 편견을 자각하면서 진리를 발견하도록 했다.

소크라테스 문답법의 첫 단계는 생각을 뒷받침하는 증거를 찾는 것이다. 나의 고민을 되짚어 보자.

- 지도교수나 상사로부터 말이 어눌하다는 평가를 받은 적이 있는가?
- 지금까지 발표에서 실수를 여러 번 한 적이 있는가?
- 내용이 부실하여 발표 평가에서 나쁜 성적을 받은 적이 있는가?

고민하는 문제는 실제로 일어나는 경우가 대부분 없다. 생각해 보면 우리는 겪어보지 않은 일, 일어나지 않은 일에 대해 불안해하고 있다. 그렇다면 이제부터 반대의 증거를 찾아보자.

- 발표 내용이 좋다는 평가를 여러 번 받았다.
- 프로그램 진행에서 큰 실수를 한 경험이 별로 없다.
- 나의 이야기에 관심을 보이는 사람들이 많은 편이다.
- 이번 발표는 준비된 정보를 전달하는 것이므로 연습만 하면 큰 어려움이 없다.

우리는 이미 정답을 알고 있다. 발표에 대한 불안은 부정적인 평가를 받을지도 모른다는 막연한 걱정에 지나지 않는다. 즉 불안에 대한 구체적인 근거가 없다. 당신의 발표가 불안할 치명적인 이유가 없다면 이제 대비할 방법만 찾으면 된다.

●● **청중을 친구처럼!**

듣는 사람 입장에서 한번 생각해 보자. 말을 할 당사자가 아무리 불안 반응을 보여도 정작 듣는 사람은 전혀 다른 입장에 있다. 실제로 사람들은 타인의 발표에 대해 아주 비판적이거나 부정적이지 않다. 일방적인 경우라면 호의적인 마음을 가지고 그저 내용을 궁금해할 뿐이다.

  유명 강사인 김미경 대표가 자신의 강의 노하우를 공개한 적이 있다. 엄마에게 이야기하듯 강의를 하라는 것이다. 그녀에 의하면 강의자료를 띄워놓고 전문가답게 발표를 해야 한다는 부담을 버리는 것부터 시작해야 한다. 자신을 가장 호의적으로 받아줄 수 있는 어머니에게 재미있는 이야기를 들려주듯 해보는 것이 중요하다.

> "엄마, 잘 생각해 봐. 지금까지 엄마가 콜레스테롤 때문에 생긴 병들이 얼마나 많은지 기억해 봐. 그리고 병이 또 병을 낳고, 제일 무서운 게 동맥경화잖아. 이걸 고치려면 어떻게 해야겠어? 운동이 중요하거든."

  이렇듯 지금 당장 고쳐야 할 것이 무엇인지 수다를 떨듯 다정하고 친절하게 설명해야 한다. 그 뒤 대상의 주어를 바꾸어 연습하면 발표할 내용을 잘 전달할 수 있다. 그러면 듣는 사람은 이야기에 잘 빠져들고 이야기하는 사람 역시 말의 맥락을 놓치지 않는다. 말하는 사람이 내용을 이해하고 있다면 발표나 강의의 주제를 흐리지 않고 논리적으로 설명할 수 있다. 이제 주어를 바꾸어 발표할 수 있는 단계로 문장을 고쳐보자.

"여러분, 지금 당신의 건강은 안녕하십니까? 문제는 콜레스테롤입니다. 콜레스테롤이 유발하는 성인병은 수백 가지가 넘습니다. 동반되는 합병증은 더욱 리스크가 커집니다. 가장 무서운 질환은 동맥경화입니다. 이 경우 첫 번째 처방은……."

주어와 서술어만 바꾸었을 뿐인데 발표의 형식으로 손색이 없다. 여기서 얻을 수 있는 결론은 두 가지이다.

청중을 친한 친구, 가족처럼 생각하라는 것, 그리고 오직 한 사람에게 대화하듯 이야기를 하라는 것이다. 이렇게 하면 듣고 있는 청중 한 사람, 한 사람에게 눈을 맞출 수 있는 여유가 생기기 마련이다.

그러면 편안한 목소리, 주제를 벗어나지 않는 논리, 청중과 소통하는 눈맞춤까지 완벽한 발표로 마무리 할 수 있다. 발표도 이야기이자 대화이다. 청중과 마주 보며 그들이 내 이야기에 귀를 기울이고 있는지, 의견에 공감하고 있는지 눈으로 살피고 말을 거는 과정이다.

•• 성공적인 발표를 위한 세 가지 전략

이제 발표 자료를 만들어 발표하는 연습을 시작하면 된다. 여기서는 세 가지 전략이면 충분하다.

1. 스크립트를 준비하고 오프닝 촬영하기

발표에서는 사실 오프닝만 잘해도 절반은 성공한 것이다. 발표자에게 자신감을 심어주는 동시에 청중도 발표자가 발표를 잘할 것이라는 믿음을 가지고 듣는다. 오프닝을 시작하고 3분만 잘 유지하면 긴장하지 않고 발표가 진행될 것이고 그 기세가 끝까지 이어질 수 있다.

그러기 위해서는 먼저 원고, 즉 스크립트가 있어야 한다. 발표 자료를 정리하는 것이 아니라 발표할 내용을 말하듯이 글로 쓰는 것이다. 인사하고 고개를 숙이기, 잠깐 쉬고 청중을 좌우로 바라보기, 3초간 미소 짓기, 발표 자료의 그래프 수치 자세히 설명하기 등 행동의 포인트도 표시해 준다. 연습 단계에서 페이지 하단에 시간의 흐름도 메모해 둔다. 이 정도면 발표자 스스로 마치 발표 현장에서 말하는 듯한 시뮬레이션을 할 수 있을 것이다.

발표할 스크립트가 준비되었다면 첫 3분 오프닝 멘트를 직접 촬영해 본다. 그 과정은 다음과 같다.

- 휴대전화를 거치대에 고정하고 오프닝 멘트를 촬영한다.

- 촬영한 영상을 보기 전에 촬영하면서 느낀 점을 메모한다. 장점과 단점을 예측하여 기록하는 사전평가를 내린다.
- 촬영한 영상을 확인한다.
- 촬영한 영상을 확인한 후 장점과 단점을 따로 기록한다.
- 영상 확인 전 평가와 촬영 영상 확인 후 평가를 비교 분석한다.

수강생들의 경험에 비추어 보면 두 평가는 차이가 있다. 영상촬영 직후의 평가는 보통 자신이 말하는 모습을 확인하기 전이라 불안한 마음에 단점이 많이 적힌다. 하지만 촬영 영상을 확인한 후에는 수정해야 할 명확한 단점이 눈에 들어오기 때문에 오히려 안심하는 편이다. 여기서 중요한 점은 단점뿐 아니라 장점도 기록해야 한다는 것이다. 좋은 모습을 찾아서 더 돋보이게 하는 방법을 활용한다면 성공적인 발표로 마무리할 수 있다.

2. 무조건 결론부터 설명하기

발표할 때는 반드시 결론부터 시작한다. 대중은 지루함을 참지 못한다. '그래서 결론이 뭐지?', '하고 싶은 말이 뭘까?'에 집중한다. 자기소개서나 기획안을 쓸 때 두괄식 문장으로 정리하는 것처럼 발표도 마찬가지라 생각하면 된다.

은행의 마케팅 전략을 설명한다고 가정해 보자.

"현대 비즈니스 환경에서 글로벌 시장으로의 진출은 기업의 성장과 생존에 있어서 불가결한 요소입니다. 이에 따라 ○○은행은 글로벌 마케팅 전략을 통해 다양한 국가의 소비자들에게 브랜드 가치를 전달하고, 세계적인 금융 기관으로서의 입지를 더욱 견고하게 구축하고자 합니다."

이렇게 시작한다면 어디서 들어본 소리를 또 한다고 생각할 것이다. 새로울 것이 없는 단어에, 대부분 은행이 시시때때로 전하는 식상하고 뻔한 메시지를 담고 있기 때문이다. 이를 결론부터 말하는 메시지로 수정해 보자.

"○○은행의 성장과 생존의 핵심은 글로벌 마케팅 전략입니다. 현재 비즈니스 환경에서 글로벌 시장으로의 진출은 기업의 성장과 생존에 있어서 불가결한 요소입니다. 글로벌 마케팅 전략을 통해 다양한 국가의 소비자들에게 브랜드 가치를 전달하고 세계적인 금융 기관으로서의 입지를 더욱 견고하게 구축하고자 합니다."

메시지의 차이를 확연히 느낄 수 있을 것이다. 발표주제가 글로벌 마케팅 전략이라면 결론부터 이야기하고 설명을 이어가야 한다. 결론을 설명하기 위한 여러 가지 수식 문장이 나오는 순간 청중은 집중력을 잃어버린다.

사람들은 기다리는 것을 싫어한다. 유튜브에서 영상이 시작될 때도 하이라이트, 주요장면을 먼저 보여준다. 가요를 듣는 대중은 전주 3초 안에 이 노래를 들을지 말지 결정한다. 드라마 역시 하이라이트만 보고 정주행을 결정한다. 대중은 짧은 시간 내에 결론을 알고 싶어 하고, 결론의 내용에 따라 끝까지 따라갈 것인지 아닌지 결정한다. 발표 역시 청중을 대상으로 해야 한다. 결론부터 정확하게, 듣고 싶어 하는 내용부터 들려주어야 한다. 청중은 식상한 말을 들으며 결론에 도달할 때까지 기다리지 않는다.

3. 청중이 최우선, 쉽게 설명하기

발표는 듣는 즉시 알아들을 수 있도록 쉽게 설명해야 한다. 나간 아는 용어, 내가 잘하는 방식의 이야기가 아니라 한 사람의 청중을 향해 말하듯이 설명해야 한다.

텔레비전 프로그램 인터뷰를 할 때 전문가를 종종 만난다. 특히 정부정책, 법률상식, 의학상식, 재테크 방법 등은 한 번에 쉽게 전달하기 쉽지 않다. 출연자가 아무리 시청자의 눈높이에 맞춰 쉽게 설명하려고 해도 자신이 잘 알고 있는 내용을 처음 듣는 사람들에게 설명하기란 쉽지 않은 일이다. 그럴 때면 나는 진행자로서 조금 더 쉽게 설명할 것을 요청한다. 추가 질문을 많이 하는 이유도 여기에 있다. 최근 조회수가 높게 나오는 유튜브 콘텐츠나 베스트셀러가 되는 서적도 쉬운 설명으로 대중에게 다가간다.

- 하루만에 목소리가 좋아지는 법
- 1일 1단어로 끝내는 시사상식
- 쇼핑보다 쉬운 빌딩 투자

이야기를 쉽게 공감할 수 있도록 말할 때 상대를 쉽게 설득할 수 있다. 발표와 보고도 마찬가지이다. '상사는 이미 내용을 잘 알고 있으니 새롭게 해야지.'라거나 '어려운 용어와 영어를 쓰면 전문가처럼 보일 것 같다.'라고 생각할 수도 있다. 하지만 많은 전문가의 생각은 다르다. 쉽게 설명할 수 있는 능력은 결코 쉬운 것이 아니다. 설득력은 어려운 단어나 전문용어, 외국어를 사용할 때 드러나지 않는다. 오히려 이야기의 맥락을 이해하고 흐름을 놓치지 않는 것이 더욱 중요하다. 상대방을 설득하고 싶다면 상대의 관점과 눈높이에서 마음을 움직일 수 내용을 이해하기 쉽게 담아야 한다.

04

마음을 움직이는
말투의 비밀

opportunity + job & work + tomorrow

●● 첫 만남에서 호감을 얻는 말투

한 사람의 인상은 그 사람이 하는 말이 옳고 그르냐의 문제가 아니라 호감이 있느냐 없느냐에 따라 결정된다. '잘 지내고 싶다.', '말을 걸고 싶다.', '도와주고 싶다.'라는 생각을 하게 만드는 것이 호감일 것이다. 호감을 얻는 비결은 그 사람이 하는 말에 있다. 말을 다정하게 하는 사람은 호감을 얻고, 일단 호감을 얻으면 어떤 일이든 훨씬 수월하게 할 수 있다. 때로는 풀기 어려운 상황이나 불편한 상황을 쉽게 해결하는 능력을 보여주기도 한다.

나는 현재 방송 30년 경력의 이재용 아나운서와 함께 프로그램을 진행하고 있다. MBC에서 재직했던 26년간 간판 프로그램들을 진행하면서 그는 늘 편안하고 믿음이 가는 진행자로 평가받았다. 개선배 아나운서가 NG 없이 진행하는 것은 그간의 연륜과 경력에 해당하는 당연한 일로 생각해 왔다. 하지만 그의 진면목은 야외 촬영에서 느낄 수 있었다. 스튜디오에서 패널과 함께 진행하는 대담 프로그램인데, 추석 특집으로 노량진 수산시장에서 야외 촬영을 하게 된 것이다. 그는 평소 기자, 언론사 대표, 협조인 등 전문가와 방송을 진행할 때와는 사뭇 다른 모습을 보여주었다.

"아! 그라도 시장이 활기를 되찾았다니 다행이에요."
"좋은 걸 드셔서 이렇게 피부가 보들보들 좋으신가 봐요."
"그렇게 큰 병을 이기시고 또 이렇게 건강하게 일하시니 얼마나 좋아요!"

처음 보는 상인들에게 추석 명절 분위기를 인터뷰하고 현장 그림도 훈훈하게 담아야 하는 상황이었다. 사전에 촬영 협조는 받았지만 당장 장사가 우선인 상인들을 붙잡아 두고 이야기를 나누는 것은 쉽지 않은 일이었다. 찾아오는 손님도 지나가게 만들 수밖에 없는 상황이기 때문이다. 보통 인터뷰를 허락할 때는 잠깐이라고 생각하지만 막상 촬영하면 10배 이상의 시간이 걸릴 때가 있다. 진행자들은 훈훈한 분위기를 유도하기 위해 애를 쓰지만, 촬영이 길어지면서 한 사람이라도 표정이 어두워지면 등줄기에 식은땀이 난다. 게다가 당시는 수산물에 대한 국민의 우려가 있어 시장 상인들이 예민한 상황이었다. 부담을 안고 나간 촬영이었는데 역시 베테랑 아나운서는 달랐다. 촬영 장비가 준비되는 동안 이미 몇몇 상인들과 이야기를 나누고, 개인적인 사연도 터놓고 칭찬도 하며 분위기를 긍정적으로 만들어 두었던 것이다. 처음 만난 사람에게 '웃음을 줄 수 있는 칭찬'을 하면 강한 호감을 불러일으킨다. 긴장을 풀어줄 뿐 아니라 웃음을 통해 마음을 무장해제 시켜준다.

일상생활도 크게 다르지 않다. 상대방과 빨리 가까워지고 싶다면 칭찬과 유머를 구사해 보자. 긴장을 풀고 어색한 분위기를 편안하게 바꾸어준다.

이때 반드시 동반되어야 하는 것이 있다. 상대방에 관한 관심이다. 표정, 나이, 상대방의 사연, 당시 상황 등 상대방에 관

칭찬 / 유머   관심 / 질문

한 관심이 기본으로 따라야 한다. 이른바 영혼 없는 칭찬은 잘못된 칭찬으로 오히려 민망한 상황을 맞이할 수 있다. 첫 만남에서 부드러운 대화를 이어가고 싶다면 상대방을 먼저 관찰하는 연습이 필요하다. 상대방의 말을 집중해서 들으면서 살피면 사소한 행등에서 공통 관심사를 찾을 수 있다. 그 후 있는 그대로 자신의 느낌을 전달하면 된다. 미소, 칭찬, 유머, 존경의 표현이 가미되어도 좋다.

"어떻게 그런 걸 잘 찾아내시죠? 대단해요."
"이런 이야기는 처음 들어봐요, 재미있네요."
"유머 감각이 좋은 사람들이 최고여요!"

칭찬과 함께 상대방이 유쾌하게 이야기할 수 있도록 호응을 해주는 것도 좋다. 때로는 그 자리에 없는 사람을 칭찬해 주는 것도 좋은 방법이다. 이야기를 듣는 사람도 덩달아 칭찬받는 기분을 느끼게 해준다. 상대방은 흐뭇한 웃음을 지으며 나에게 호감을 느낄 것이다. 말을 잘하는 것보다 말로 상대방의 마음을 얻는 것이 더욱 중요하다.

●● 서로가 불편한 지적과 거절의 말투

후배 또는 부하직원과 일을 할 때 크고 작은 피드백을 줄 때가 있다. 상대방의 잘못을 모르는 척 넘어가기 어려울 때, 상대방이 생각보다 많은 요구를 해올 때는 조언, 지적, 거절이 필요하다. 상대방을 생각해서 전하는 말이지만 상대방을 불편하게 할 수 있는 예민한 말들이기에 더욱 조심해야 한다.

1. 지적은 사람이 아니라 상황에 맞게

비즈니스 현장에서는 팀원, 동료, 거래처 등 다른 사람의 잘못을 지적해야 할 때가 많다. '이렇게 했어야지.', '왜 그렇게 했어?'라는 말투는 문제의 상황과 일을 향한 것이 아니라 당사자, 즉 사람을 지적하는 일이 된다. 감정을 다스릴 줄 아는 사람은 상대방의 잘못을 지적할 때도 의미 없는 비난과 질책은 하지 않는다. 그러므로 상대방에게 도움이 되는 발전적인 피드백을 주는 것이 좋다. 자녀를 키울 때도 마찬가지이다. 과거의 실수와 잘못을 지적하는 것으로 그 문제를 해결할 수 있는 일은 없다. 오히려 감정만 나빠질 뿐이다. 틀렸다는 말을 기쁘게 수용할 수 있는 사람은 거의 없다.

왜 그랬어? ⟶ 어떻게 된 건지 경위를 설명해 줘.

어쩌다 이렇게 된 거야? → 원인이 어디에 있을까?
자꾸 떼쓰면 엄마는 갈 거야! → 다음에 다시 와서 놀자.

최고의 처세술 전문가로 불리는 데일 카네기는 "상대방의 잘못을 지적해서 그의 동의를 얻어 낼 수는 없다. 상대방은 자기 지능, 판단, 자부심, 자존심에 충격을 받았기 때문이다."라고 말하며 상대의 잘못을 지적하지 말라고 조언한다. 사실 지적을 하는 목적은 앞으로 좋은 관계를 유지하고 내 편을 잃지 않기 위해서이다. 여기에 핵심이 있다. 지적할 때는 좋은 관계는 남기고 앞으로 함께하는 방법을 제시하면 된다. 때로는 잘못을 거듭 물어보는 것만으로도 상대방이 문제를 인식하기도 한다.

"이 부분은 다른 방법이 없을까요?"
"왜 그렇게 생각하시는지 궁금합니다."

상대방도 자신의 잘못과 실수를 이미 알고 있거나 서서히 인식할 수 있다. 그러므로 그 기회를 만들어주는 것이 중요하다. 상대방에게 불쾌한 지적이 아닌 유익한 조언이 될 수 있는 말이나 적절한 피드백을 해주는 것이 효과적이다. 잘못과 실수로 틀어질 관계가 오히려 탄탄하고 진실한 관계로 바뀔 수 있다.

2. 무리한 요구로부터 나를 지키는 거절

한 수강생이 지각과 결석이 반복되어 왜 그런지 이유를 물었다. 대학교 4학년으로 아르바이트를 하고 있다고 했다. 돌아오는 주말에 그만두게 되므로 다음부터는 제시간에 오겠다고 했다. 그런데 그녀는 다음 시간에도 다시 지각했다. 이유는 거절하지 못하는 그녀의 성격 때문이었다.

카페에서 아르바이트했던 그녀는 본격적인 취업준비를 위해 4학년이 되기 전 그만두려고 했다. 평소 다정한 성격인 그녀가 손님들의 이런저런 요구를 수용하자 카페 사장은 그녀에게 거절을 잘하라고 조언하기도 했다.

그런데 막상 그녀가 카페를 그만둔다고 하자 사장은 이런저런 이유로 조금 더 도와달라고 부탁했다. 어렵게 직원을 구하고 인수인계도 끝났는데 해당 지원자가 갑자기 못 오겠다고 하자 그녀에게 또다시 근무해 달라고 요청한 것이다. 그녀는 그 요청을 거절하지 못했다. 아르바이트와 취업준비를 병행해야 해야 했던 그녀는 결국 어느 곳에도 집중할 수 없었다. 무책임하다 소리를 듣고 싶지 않을 뿐인데, 자신만 손해를 보는 상황이 된 것이 무척 속상해 보였다.

거절은 누구에게나 어려운 일이다. 내가 조금 손해를 보더라도 상대방과의 관계가 나빠지는 것을 피하고 싶다. 불편한 관계를 피하려다 결국 본인의 몸과 마음이 불편해진다. 거절은 나를 지키는 방법이다. 이를 위해 반드시 원칙과 기준이 있어야 한다. 인지심리학자 김경일 교수는 무조건 통하는 거절의 원칙이 있다고 했다. '표정은 친근하게, 말투는 단호하게' 하면 된다는 것이다.

"하하하, 절대 안 돼!"

말의 내용과 톤을 일치시키지 말라는 것이다. 친근한 표정으로 웃음을 짓고, 말투는 절대 안 된다는 입장을 단호하게 보여야 한다. 말의 내용과 톤이 일치하지 않을 때 강력한 메시지로 전달된다. 스릴러 영화에서 무서운 표정보다 미소를 띠고 잔인한 행동을 하는 인물이 더 공포스러운 원리와 같은 이치이다. 절대 안 된다는 단호한 거절의 의사를 보여주면서 말투와 표정이 친절하면 된다.

입장에는 사람마다 차이가 있기 마련이다. 요구하는 입장은 부탁을 한다. 반드시 들어주기를 원하는 입장이다. 하지만 요구를 받는 입장에서 반드시 들어줄 필요는 없다. 가급적 들어줄 수 있다면 하는 것이고 그렇지 않은 경우라면 반드시 들어주어야 할 이유는 없다. 거절하는 것은 부탁하는 '일'에서일 뿐 상대방, 즉 사람을 거부하는 것은 아니기 때문이다.

처음에는 기분 좋은 마음으로 들어준 부탁이지만 이후 더 많은 요구로 이어진다면 단호하게 거절해도 된다. 그 이유가 내가 싫은 것이 아니라 상대방의 무리한 부탁 때문임을 인지시켜 주는 편이 좋다.

"이 정도는 유료여야 하지 않을까요? 하하하!"
"저를 인정해 주셔서 감사하지만, 제가 원래 이런 일은……."
"도와드리면 좋겠지만 제가 할 일이 아닌 것 같아요."

불편한 감정이 두려워 거절하지 못하는 경우는 많다. 반면 예의 있게 거절할 수 있는 말들도 많다. 그러므로 자신을 지키는 거절의 문장을 하나쯤 마련해 두는 것도 좋다. 단 "기회가 된다면", "이번에는 어렵지만" 등 여지를 주는 말은 하지 않는 것이 좋다. 장황한 설명도 필요 없다. 거절은 상대방을 불편하게 하는 것이 아니라 나를 지키는 한 방법이다.

> **One Point Lesson 1**

말투를 바꾸는
실생활 훈련

아나운서가 되겠다고 결심한 후 두 가지 모니터링을 시작했다. 첫 번째는 내가 닮고 싶은 목소리를 분석해서 따라 하는 것이고, 두 번째는 내 목소리를 녹화해서 직접 확인하는 것이었다. 되고 싶은 목소리와 말투를 찾아 따라 하면서 내 목소리와 말투의 문제점을 직접 찾았다. 이 두 가지는 말하기 연습 중 가장 효과가 확실한 방법이었다.

롤모델 따라 하기

롤모델 따라 하기 첫 단계는 대상 찾기이다. 말을 잘하고 싶다는 막연한 목표 앞에 '누구처럼'이라는 수식어를 붙이는 것이다. 그 대상을 바라보면서 따라 하면 된다.

"나는 유재석처럼 말을 재미있게 하고 싶어."
"나는 ○○○ 아나운서처럼 똑 부러지게 말하고 싶어."
"우리 교수님처럼 멋있게 말하고 싶어."

자신이 배우고 싶은 말투, 목소리, 말 매너를 갖춘 대상을 찾는다. 그리고 그 사람이 말하는 모습의 특징을 하나하나 분석해서 기록해본다. 첫 단계에서 가장 좋은 한 가지만 집중해서 따라 해보자. 롤모델의 강한 딕션을 따라 하고 싶다면 문장의 어느 부분을 강조하는지 살펴보고 일주일 동안 한 가지만 집중적으로 연습한다. 이후 말투, 제스처 등 한가지씩 추가하면서 따라 하면 된다.

실제 나는 YTN 오동건 앵커를 롤모델로 정했다. 오동건 앵커는 발음이 정확했고 힘 있는 말투를 구사했다. 이후 오동건 앵커에게 기회가 될 때마다 묻고 조언을 구했다. 가장 큰 도움을 받은 것은 호흡법이었다. 복식 호흡을 할 때 소리가 어디서 시작하는지 답을 찾을 때까지 앉아서, 일어서서, 누워서, 엎드려서 소리 내기를 반복했던 시간을 잊을 수 없다. 호흡을 찾게 되자 한 문장을 끌고 가는 힘 있는 말투까지 따라 하게 되었다. 오동건 앵커로부터 배운 또 하나의 방법은 나의 모습을 녹화하는 것이었다. 실제 오동건 앵커는 세상이 자신을 보는 시선을 확인하기 위해 가끔 카메라로 아침에 눈 뜨는 순간부터 밤에 잠드는 순간까지 자신을 녹화한다고 했다. 이전에 보이지 않던 사소한 습관이나 잘못된 행동들이 하나씩 보이기 시작하기 때문이다.

자신을 알기 위해서는 남의 시선으로 스스로를 살펴보아야 한다. 주관적으로 판단하지 않고 객관적으로 보는 시야를 가질 필요가 있다. 이후 나는 내가 말하는 모습부터 녹화해 보기로 했다.

나의 스피치 영상 녹화하기

자신의 말하는 모습을 녹화하는 이유는 다른 사람이 듣는 나의 목소리와 다른 사람들이 보는 나의 모습을 확인하기 위해서이다. 내가 듣는 내 목소리와 남들이 듣는 내 목소리는 분명 차이가 있다. 실제 녹화된 모습을 보면 예상했던 것과는 전혀 다른 모습임을 확인하게 될 것이다. 이 과정은 나의 말투와 목소리를 객관화하는 아주 중요한 작업이다.

휴대전화를 동영상 모드로 설정한 뒤 자신을 촬영할 수 있는 위치에 고정한다. 이때 주의할 점은 휴대전화의 화면을 자신이 보지 못하게 돌려두는 것이다. 촬영하면서 자신의 모습을 보면 평소 습관을 있는 그대로 보여주기보다 꾸미거나 연기를 하게 된다. 정확한 파악이 어렵다는 이야기이다.

　스피치 주제는 ○○ 기업 취업을 준비하는 이유, 좌우명, 가장 행복했던 순간, 가보고 싶은 곳, 최근 읽은 책, 인생의 명언, 사회적 이슈 등으로 자유롭게 정하면 된다. 주제를 정하는 게 어렵다면 신문 사설의 한 부분이나 뉴스 기사를 외워도 좋다.

　발음이 꼬여도 된다. 중간에 할 말이 기억나지 않아서 끊겨도 좋다. '음, 아, 어' 등의 소리가 들어가도 상관없다. 중단 없이 3분간 어떤 이야기든 하면 된다.

　3분 동안 내 모습을 담았다면 그 모든 내용을 적어본다. 말하는 내용은 물론 '음, 아. 어' 하는 머뭇거리는 소리까지 모두 적는다. 중간에 쉰다면 '5초 쉰다.'라고 적고, 발음이 꼬이면 꼬이는 대로 적는다. 그런 뒤 받아 적은 내용을 읽는다. 무슨 말인지 알 수 없거나, 했던 말을 반복하거나, 앞뒤 논리가 맞지 않는 경우가 대부분이다. 이때 내가 고쳐야 할 점도 파악할 수 있다. 내용을 받아 적기 위해서는 영상을 여러 번 돌려보게 된다. 그 과정에서 표정과 제스처, 발성과 억양까지 정확하게 분석할 수 있다. 가능하다면 제삼자의 조언을 듣는 것도 좋다. 영상을 혼자 보면 자신의 단점과 약점을 파악하는 데 집중하지만, 제삼자가 보면 나의 장점까지 발견할 수 있다.

　평소 나의 말 습관을 파악하면 고쳐야 할 점을 정확하게 알 수 있다. 나의 스피치 수준을 알 수 있는 것도 물론이다. 나의 수준을 제대로 파악하면 연습해야 할 내용과 훈련해야 할 시간을 계획할 수 있다. 처음에는 자신의 영상을 지켜보는 과정이 힘들 수 있다. 하지만 이 과정을 통해 꾸준히 연습한다면 당신은 누구 앞에서건 자신감을 가지고 말할 수 있는 사람이 되어 있을 것이다.

> One Point Lesson 2

스티브 잡스의
프레젠테이션 말투 배우기

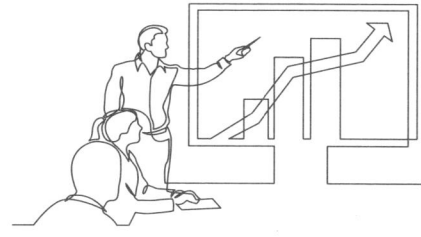

프레젠테이션이란 '그 행위를 통해 청중을 설득함으로써 결과를 얻어내는 것'이다. 그러나 남을 설득한다는 것은 남의 마음 그 자체를 움직이는 것이 아니라 마음을 움직이기 위한 정보를 제공하는 것이다.

프레젠테이션을 잘하는 사람으로 사람들은 고 스티브 잡스를 꼽는다. 그는 생전에 정보 전달에 집중한 나머지 따분한 슬라이드쇼 일색이었던 프레젠테이션을 제품에 대한 스토리로 만들었다. 스티브 잡스가 제품을 설명하기 위해 연단에 올라가면 전 세계인이 열광했다. 현장에 있든, 화면으로 보든 청중은 그가 과연 어떤 제품을 내놓을까, 또 어떤 모습을 보여줄까 기대를 품고 기다렸다. 그가 펼치는 환상적인 프레젠테이션은 기대만큼 결과도 늘 만족스러웠다. 검은색 터틀넥 상의, 청바지, 운동화를 신은 스티브 잡스의 프레젠테이션은 청중이 가장 궁금해하는 내용에 마치 대화를 하듯 답을 주기 때문이었다. 그리고 "대단한, 멋진, 놀라운, 훌륭한, 진짜 마술, 혁신적인 제품, 정말로" 등 알아듣기 쉬운 말로 감동을 주었다. 스티브 잡스의 프레젠테이션 화법에는 몇 가지 특징이 있다.

- 단순하게 말하고 쉬운 단어를 쓴다.
- 키워드를 강조한 이야기를 전개한다.
- 상대방에게 자신이 중요한 사람임을 인지시킨다.
- 악역(문제점)을 제시하고 해결책(신기술)을 전한다.
- 목표와 숫자를 제시하여 신뢰를 얻는다.
- 감사와 애정을 표현한다.

일상적이고 단순한 단어는 감정을 명확하면서도 적극적으로 표현한다. 이러한 단어는 청중의 감정에 직접 호소하는 역할을 한다. 중요한 키워드, 쉬운 단어, 메시지를 전달하기 위한 이야기 만들기 등 스티브 잡스 프레젠테이션의 좋은 표현을 통해 발표의 말투를 익혀보자. 누구나 스티브 잡스가 될 수는 없어도 스티브 잡스처럼 말하는 방법은 연습하면 불가능하지 않다. 스티브 잡스의 프레젠테이션 멘트를 따라 읽으며 연습해 보자.

- 오늘은 제가 2년 반 동안 손꼽아 기다려왔던 날입니다.
  살다 보면 획기적이고 혁신적인 제품이
  우리 모두의 삶을 바꿔놓습니다.
  누구든 이런 혁신적인 제품을 하나라도 만들어낸다면
  정말 운이 좋은 거죠.
  오늘 나는 이런 제품을 무려 3개나 선보이려 합니다. (이하 중략)
  우리는 이 새로운 제품을 아이폰이라고 부릅니다.
  오늘 애플이 휴대폰을 재발명합니다.

- 우리는 완벽한 제품을 만들려고 노력하지 않습니다.
  우리는 고객이 만족할 수 있는 제품을 만들려고 노력합니다.

- 단순함은 최종적으로 복잡함보다 더 어렵습니다.

- 혁신은 '그것이 불가능하다.'라고 생각되는 것에 대한
  우리의 믿음을 도전하는 것입니다.

- 자, 그럼 시작하겠습니다.
  우리는 오늘 아침 대단한 것을 준비했습니다.
  오늘 프레젠테이션은 꽤 길어질 것 같은데,
  여러분께서 자리에 계속 앉아 계셨으면 합니다.

- 따뜻한 환영에 감사드립니다.
  아마도 저는 오늘 연설이라도 하나 해야 할 것 같습니다.
  애플에서 쫓겨났을 때 느꼈던 막막함과 외로움 때문에 다시 돌아온 맥월드에서 들려오는 청중의 환성과 박수 소리가 그에게는 유난히 따뜻하고 가슴 뭉클했을 것입니다. 이렇게 방문해 주셔서 감사드립니다.
  오늘 우리는 함께 이 자리에서 역사를 만들게 될 것입니다.

Chapter 5

말에 품격을 높이는 한 끗

> Miracle Essay

말부터 다른
리더의 품격

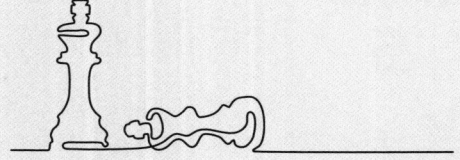

리더의 말

흔히 장관을 일컬어 '수장'이라고 부른다. 장관은 중앙 정부 부처의 가장 높은 자리이자 국무위원이다. 소관 업무의 최고위직인 만큼 권위도 높고 개인적으로도 명예로운 자리이다. 인터뷰 프로그램이나 정부 행사에서 나는 장관을 만나는 일이 잦다. '자리가 사람을 만든다.'라는 말처럼 수장의 첫인상은 대부분 품격을 갖춘 편이다.

직업의 특성상 사람을 파악할 때 그들의 말과 말 매너를 주시하는 편이다. 대중에게 좋은 인상을 남기거나 소속 기관의 구성원들로부터 좋은 평가를 받는 장관에게는 공통적인 특징이 있다. 듣는 사람에 대한 예의를 갖추고 있다는 점이다. 상대방의 이름을 기억하거나 눈을 맞추고 상대에게 관심을 드러낸다. 실제 행사에서 만난 한 장관은 일면식이 없었는데 먼저 나의 이름을 부르며 인사를 청했다. 한 번도 본 적이 없었음에도 행사 안내지의 진행자 이름을 확인하고 인사를 건넨 것이다. 그는 인사 한마디만으로 장관의 품격을 온몸으로 보여주었다.

그가 이름을 불러주었을 때

기자들이 입을 모아 칭찬하는 말 매너를 가진 장관이 있다. 언론인 출신 정치인인 그는 이름만 대면 알 만한 인물이다. 그의 품격은 대부분 말에서 나온다. 대규모 기자단이 참석하는 기자회견에서도 기자의 소속과 이름을 대부분 기억한다.

"○○○ 기자님 안녕하세요?"
"○○○ 기사 잘 봤습니다."

다른 기자까지 감동하게 만드는 순간이다. 하지만 더욱 놀라운 것은 20여 명의 제작팀이 참여한 인터뷰 프로그램 녹화 당시 장관이 오디오맨으로 불리는 막내 스태프의 이름을 불렀다는 것이다. 방문자 리스트에도 이름을 올리지 않았던 막내 스태프의 이름을 제작팀이 부르는 것을 듣고 기억한 것이다. 이렇듯 사람에 대한 관심과 관심을 표현하는 말이 그 사람의 품격을 만든다.

다른 장관의 일화도 있다. 다음날 퇴직을 앞둔 카메라 기자가 있다는 말을 들은 비서관이 수장에게 그 사실을 전달했다. 그러자 장관은 해당 기자를 불렀고 함께 사진 찍을 것을 제안했다. 퇴직을 앞둔 기자와 함께한 1분여의 시간은 당사자에게 평생의 추억이 되었고, 이후 훈훈한 미담으로 전해졌다.

말의 품격은 단지 말끝에서 완성되지 않는다. 한 사람이 내뱉는 말은 그 사람의 됨됨이는 물론 듣는 사람에 대한 예의와 배려까지 전달된다. 말에 품격을 더하면 사람이 달라 보이는 이유가 바로 여기에 있다.

01

말 잘하는 사람은
잘 듣는다

opportunity + job & work + tomorrow

●● 말하기만큼 강한 듣기의 힘

'말하기'는 사람 사이의 관계를 만드는 필수 조건이다. 직장에서는 함께 일하는 사람들과 의견을 나눈다. 면접에서는 자신의 의지와 열정을 논리 있는 주장으로 표현해 좋은 인상을 남겨야 한다. 소셜 미디어에서는 나의 일상에 대해 말하듯 이야기를 공유하면서 팔로워를 모으는 것이 목표가 되었다.

우리는 성공적인 인간관계를 위해서 설득, 협상, 주장을 잘해야 한다는 말을 들으며 성장했다. 하지만 다른 사람의 말에 귀 기울여야 한다는 말은 상대적으로 자주 듣지 못했고, '잘 듣는 방법과 기술'에 대해서도 배우지 못했다. 오히려 대화에 끌려다니지 말고 대화를 주도하도록 배웠다. 그런 이유로 나의 주장을 내세우는 것이 말을 잘하는 것으로 인식되곤 한다. 상대방의 말이 끝나기도 전에 끼어들 태세를 갖추는 사람들도 많다. 대화하는 자리에 가면 꼭 한두 명 이상이 그러거나 급기야 모인 사람 전부가 그럴 때도 있다.

'사람의 입은 하나요, 귀는 둘이다.'라는 말이 있다. 말하기보다 듣기를 두 배로 더하라는 의미이다. 그만큼 인간관계에서 듣기가 중요하다는 뜻이다. 잘 듣는다는 것은 상대의 말을 듣기만 하는 것이 아니다. 상대방이 전달하고자 하는 이야기는 물론 그 내면에 깔린 동기나 속마음을 귀 기울여 듣고, 나아가 그에 대해 피드백을 해주는 것을 말한다. 잘 듣는 것이야말로 효과적인 커뮤니케이션의 중요한 기술이다.

대화는 말하기가 아닌 듣는 데서 출발해야 한다. 상대방의 말에 귀를 기울이는 것은 좋은 관계를 형성하는 가장 효과적인 방법이다.

••• 듣는 사람의 영향력

방송국에는 말을 잘하는 사람들이 많다. 기자와 아나운서까지 하나같이 말을 잘하는 사람들이 모인 곳에서 여러 말 필요 없는 영향력을 보여준 본부장이 있었다. 기사를 정하는 제작 회의에서도 그는 거의 말이 없었다. 그는 어느 기사를 살리고, 어느 기사를 앞으로 당길 것인지 갑론을박이 오가는 과정을 그저 지켜본다. 사람들이 그의 눈빛과 몸짓을 읽어내려고 노력하는 이유는 말을 듣는 그의 태도가 좌중을 압도하기 때문이다. 말을 들을 때 팔짱을 끼거나 턱을 괴는 일 없이 바른 자세로 듣는다. 중요한 부분에서는 간단한 질문도 한다. 그러다 보니 말 한마디도 놓치지 않는 그의 태도에 사람들은 긴장할 수밖에 없다. 듣는 습관이 몸에 밴 그는 전체 내용 속에서도 개인적인 의견과 핵심 메시지를 정확하게 파악하는 편이다. 그리고 중저음의 낮은 목소리로 간결하게 의견을 전한다. 그는 잘 듣는 방법을 통해 자신이 할 말을 정돈해 둔 듯했다.

모든 내용을 잘 들어주는 그가 말을 꺼내기 시작하면 사람들의 몸이 앞으로 당겨진다. 한마디도 놓치지 않으려고 몸이 반응하는 것이다. 말은 많이 한다고 해서 많은 양의 정보가 전달되는 것은 아니다. 그를 통해 잘 듣는 사람이 오히려 상대방에게 꼭 필요한 말을 해주는 경우가 많다는 것을 배웠다.

●● 잘 듣는 사람은 대화를 즐겁게 한다

"내 말 좀 들어!"

"말 좀 하자!"

"내 말은 그게 아닌데······."

아무리 가까운 사이라도 가끔 이런 말을 나눌 때가 있다. 보통 낯선 사람보다 가까운 사람의 말을 더 귀담아 들을 것으로 생각하지만 사실은 그렇지 않다. 남의 말을 귀 기울여 주의 깊게 듣는 것을 경청(傾聽)이라고 한다. 진정한 경청은 상대의 말을 듣기만 하는 데서 그치는 게 아니라 상대방이 전달하고자 하는 내용은 물론 그 내면에 깔린 동기나 정서에 귀 기울이고 나아가 이해된 바를 상대방에게 피드백해 주는 것을 말한다.

상대방의 말에 귀 기울이지 않는 사람들은 금세 알 수 있다.

- 눈을 계속 마주치지 않고 다른 곳을 돌아본다.
- 눈을 맞추고 듣는데도 초점이 없다.
- 상대방의 말보다 주변 상황과 사람들의 움직임에 신경을 쓴다.
- 대화에 참여하지 않고 내용을 묻지 않는다.
- 상대방이 말하는 동안 어떻게 대답할지 미리 준비하기 시작한다.
- 상대방의 말을 끊고 반응하거나 생각이나 의견부터 말하려 한다.
- 처음 몇 마디만 듣고 조언하기 시작한다.
- 상대방의 말이 길어지면 불만스러운 표정과 반응이 나타난다.

이와 같은 모습이 아니어도 우리의 무의식은 내 말에 경청하는 사람과 그렇지 않은 사람을 금세 알아차린다. 경청하지 않는 태도를 바로 잡으면 잘 듣는 자세를 유지할 수 있다. 상대방과 눈을 맞추며 상대방이 하는 말에 적절한 반응을 해야 한다. 상대방이 하는 말에 집중할 때는 몸이 따라 다가가거나 기울이는 것도 좋다. 반대로 상대방의 말을 경청하고 싶어도 경청해야 할 때를 놓치는 경우도 적지 않다. 이렇듯 경청하는 데 장애물이 생겼다면 극복하는 방법이 있다.

첫째, 다른 생각을 하다가 상대방의 말을 놓쳤을 때는 우선 마음을 다시 가다듬도록 한다. 가능한 한 상대가 이전에 한 말을 기억하고 적절히 언급해 주면 좋다. 아무리 생각해도 떠오르지 않는다면 솔직하게 고백하고 다시 물어보는 것이 가장 좋은 방법이다.

둘째, 잘 듣지 못해 상대의 말을 이해하지 못했을 때는 억지로 이해한 척할 필요는 없다. 솔직하고 예의 있게 다시 물으면 된다. "죄송합니다. 제가 제대로 이해를 하지 못했는데 다시 한 번 설명해 주실 수 있을까요?" 하고 요청하면 된다. 상대는 오히려 질문자가 더 알기를 원한다고 생각할 것이다. 이로 인해 서로 간의 신뢰도 한층 더 쌓인다.

셋째, 시간이 지나면서 대화가 지루하거나 잘 풀리지 않을 때가 있다. 그럴 때는 공동관심사 등을 찾아 대화의 화제를 전환하면 된다. 혈액형이나 MBTI 유형, 특기나 취미, 현재 사는 곳과 고향 등에서 공통분모나 관심사를 찾을 수 있다. 새로운 대화를 이어가다 보면 지루함은 사라지고 활기가 생긴다.

자신의 말을 상대가 제대로 듣지 않는다고 생각하는 순간 관계는 멀어질 수밖에 없다. 반면 듣는 사람이 집중하고 있다고 생각하면 대화를 통해 더욱 좋은 관계를 쌓아갈 수 있다. 진정한 관계는 경청에서 시작한다.

02

말의 품격을 높이는 제스처의 힘

opportunity + job & work + tomorrow

●● **손짓과 몸짓이 표현하는 힘**

요즘에는 텔레비전 토론을 포함해 강의까지 오피니언 리더가 출연하는 프로그램이 많다. 시사교양국을 넘어 예능국까지 전문가들이 찾고 있다. 토론의 패널이나 강연자로 초대된 출연자들은 대부분 관련 분야에서 전문성고 인지도, 유명세가 검증된 경우가 많다. 이들이 텔레비전에 출연하면 시청자들은 그들의 학식이나 전문성보다 시각적인 이미지를 먼저 받아들인다.

선거 시즌이 되면 선거 후보들의 비전과 정책, 공약과 업적이 매우 중요하다. 하지만 후보들 간에 큰 차이가 없다면 출연한 사람의 시각적 매력으로 판단할 가능성이 커진다.

사람에 대한 시각적인 매력은 옷차림을 포함한 외모에서 나온다. 하지만 시간이 지나면 지날수록 그 사람이 하는 말에 집중하게 된다. 하지만 말도 듣기에 따라 금세 지루해질 수 있다. 이때 말에 영향력을 싣는 것이 손짓과 몸짓이다. '이미지는 실제보다 강할 수 있다.'라는 말이 공공연해지는 이유이다. 이에 따라 자신의 강점을 더욱 강조하고 약점을 보완하는 이미지 메이킹 전략을 세울 수 있다.

말을 할 때 이미지를 강력하게 보완할 수 있는 도구는 제스처이다. 일종의 몸짓언어인 셈이다. 제스처는 말하는 내용에 흥미를 더하고 생동감을 전하는 등 때로 말 이상의 영향력을 발휘한다. 제스처는 목소리에 새로운 모양을 덧입혀서 전달력을 높인다. 하지만 부적절한 제스처는 산만해 보이는 역효과를 내기도 한다. 말보다 강한 언어인 제스처의 올바른 활용법을 알아보자.

•• 제스처를 보면 자신감이 보인다

텔레비전에 나오는 사람들은 대체로 충분한 연습을 하고 나오는 편이다. 화면에서 보이는 출연자가 손을 움직이는 것만으로도 내용에 흥미가 더해진다. 설전이 오가는 상황에서 적절한 손동작과 표정은 상대의 말에 압도당하지 않는 방패가 되기도 한다. 이렇게 손동작은 자신감의 표현이자 신뢰를 얻는 도구가 된다.

우리는 발표를 하는 자리에서 어디에 서야 할지 위치를 정한다. 그리고 천천히 말하기 시작한다. 가장 어색한 것이 손이다. 화면을 보며 말하기 바빠서 자연스러운 제스처를 보여줄 여유가 없다. 손은 제자리를 찾지 못하고 얼어붙어 몸도 어느새 굳는다. 아무리 훌륭한 정보라 하더라도 상대방의 귀에 전달되지 않으면 아무 소용이 없다.

제스처를 잘 사용하는 방법은 의외로 간단하다.

- 말의 내용과 어울리는 제스처를 사용한다.
- 양손과 양다리의 균형 잡힌 동작을 사용한다.
- 말과 행동이 동시에 진행되어야 한다.

조금만 관심을 기울이면 자연스러운 제스처를 보여줄 수 있다. 그러면 말에 생동감이 돌면서 상대에게 말하듯이 자연스럽게 전달할 수 있다. 제스처를 잘하려면 몇 가지 동작만 기억하면 된다.

- **자신에 대해 말할 때:** '제가'라고 말할 때 오른손을 펴서 왼쪽 가슴에

없는다.

- **청중을 향해 말할 때:** '여러분들이'를 의미하는 뜻으로 두 손을 펴서 양쪽으로 벌린다. 이때 손바닥은 각도를 세우고 천장을 향한다.
- **중요한 내용을 강조할 때:** 하나만 기억하라는 의미로 검지를 세우거나, 기억하라는 의미로 검지로 관자놀이를 가리킨다.
- **숫자를 셀 때:** 한쪽 손을 펴서 얼굴 높이로 하고 엄지부터 한 개씩 꼽으면서 첫째, 둘째, 셋째를 말한다.
- **방향을 가리킬 때:** 오른쪽, 왼쪽을 보라는 의미로 대상을 향해 팔을 뻗어 청중의 시선을 끈다.
- **결심이나 다짐에 대해 할 때:** 한쪽 손 주먹을 쥐고 올려 앞으로 나갔다 제자리로 온다.
- **나눔에 대해 말할 때:** 양손을 가슴으로 모았다가 옆으로 자연스럽게 펴준다.

이와 같은 동작은 빠르게 표현하고 천천히 거두는 것이 좋다. 팔은 빨리 뻗고 원래 상태로 돌아올 때는 산만해 보이지 않도록 천천히 바로잡는다. 더불어 지나친 제스처는 사용하지 않는 것보다 못할 수 있다는 점도 기억해야 한다.

제스처를 잘 사용했을 때 나타나는 효과는 크다. 우선 말하는 사람에게 자신감이 생긴다. 입과 함께 몸이 같이 움직일 때 자연스러움과 함께 적극적인 말하기가 된다. 긴장감과 불안함이 없어져 여유 있는 말하기를 하게 되고 말의 내용 또한 분명하게 전달할 수 있다. 청중의 시선을 집중시켜 몰입의 효과를 만드는 것은 물론이다. 이로 인해 듣는 사람으로부터 신뢰감을 얻을 수 있다.

•• 제스처도 자세가 중요하다

제스처가 없으면 말은 지루하다. 상황에 맞는 표정과 시선 처리, 적절한 제스처가 어울리면 다채롭고 풍요로운 말하기가 된다.

제스처를 잘하려면 자세도 중요하다. 자세가 바르면 제스처가 돋보이고 편안한 인상을 준다. 강의나 발표에서 의자에 앉아서 기다리는 순간부터 연단으로 이동하는 시점까지 몸으로 말하기가 시작되는 셈이다. 따라서 순서를 기다릴 때부터 허리와 어깨를 펴고 준비된 자세를 갖추도록 한다.

단상에 오르면 청중을 향한 인사로 시작한다. 연단이 있다면 한 걸음 뒤로 물러나 마이크가 머리에 닿지 않도록 고개를 숙인다. 연단이 없다면 남성은 다리를 편안하게 벌리고 손은 가볍게 주먹을 쥐고 바지 재봉선에 붙인 상태로 고개를 숙인다. 여자는 다리를 모으고 왼발을 11시 방향을 가리키도록 서면 세련되어 보인다. 제스처를 섞어 자연스럽게 말한 뒤 마무리 인사까지 마치고 천천히 걸어서 연단을 내려와야 비로소 말하기가 끝난다. 제스처를 잘 사용하면 말에 부드러운 리듬이 생기고 핵심 내용도 잘 전달된다. 청중을 몰입시키고 자신감 있게 말할 수 있는 중요한 도구이므로 반드시 몸에 익도록 연습해야 한다.

03

자신감을 나타내는 반듯한 자세

opportunity + job & work + tomorrow

●● **말없이 좌중을 압도하는 존재감**

좌중을 압도하는 존재감을 지닌 사람이 있다. 그들은 말 한마디만 해도 큰 영향력을 미친다. 그런 사람은 보통 좋은 발성과 발음을 지니지만 무엇보다 올바른 자세를 갖추고 있다.

모 기업 신제품 런칭 행사 진행을 맡았을 당시 해당 제품 광고모델이었던 장동건 배우가 초대되었다. 그는 등장부터 좌중을 압도하는 분위기로 큰 환영을 받았다. 나지막한 목소리로 인사하고 중요한 질문에만 대답하는 과묵한 모습이었다. 행사가 진행되는 동안 직업 모델과 인플루언서 다수가 무대로 올라왔다. 준수한 외모를 갖춘 사람들 사이에서도 단연 그가 돋보였다. 물론 남다른 외모가 시선을 사로잡았다고 할 수 있지만, 무엇보다 그를 돋보이게 만든 것은 자세였다. 그는 머리부터 어깨, 허리와 다리까지 단단한 기둥처럼 서 있었다. 손도 가지런히 모으고 있었고 시간이 지나도 몸을 흔들거나 고개를 두리번거리지 않았다.

흐트러짐 없이 단정한 자세에서 좋은 에너지가 나온다. 장동건 배우는 올곧은 자세, 말과 어울리는 정확한 제스처, 대화하는 상대와 청중을 향한 따뜻한 시선을 적절히 사용했다. 별다른 말을 많이 하지 않았지만 자세와 동작, 표정과 시선 등 비언어적 요소만으로 상대방의 호감을 얻는 것은 물론 무대에서 청중을 압도하는 에너지로 전환되었다.

만약 그의 자세에 흐트러짐이 있었으면 어떠했을까? 수려한 외모를 갖춘 배우가 한쪽으로 힘을 뺀 기울어진 어깨를 내보이고 무대 위에서 불편한 표정으로 서 있었다면 준수한 외모도 빛을 잃었을 것이다. 청중들에게 시선을 맞추지 않고 이유를 알 수 없는 산만한 동작을 보여주었다면 아무리 좋은 외모와 목소리를 가지고 있다고 해도 보는 사람에게 반감과 불신을 일으켰을 것이다.

장동건 배우는 중저음의 안정된 목소리를 가지고 있다. 하지만 행사 날 그가 보여준 매력은 행동과 자세에서 오는 비언어의 힘이 더욱 컸다. 양쪽으로 펴진 어깨, 힘 있는 다리, 따뜻한 눈빛과 표정 당당하고 부드러운 말투까지 그가 보인 자세는 곧 그의 매력인 동시에 자신감의 표현이었다.

●● 긴장한 순간, 당신의 자세를 떠올려보라

반듯한 자세는 자신감의 표현이다. 중요한 회의에서 실수할 경우 어깨는 점점 굽고, 고개는 자기도 모르게 숙이게 된다. 구부정한 자세로 앉거나 서 있다는 건 다른 걱정거리로 문제가 생겼을 때 나타날 수 있는 증상이다. 긴장감과 불안감이 에워싸면 얼굴과 몸이 조금씩 굳어지며 이내 어깨와 등이 굽는다. 이때 자세를 고쳐잡으며 반듯하고 당당한 모습으로 바꾸어야 한다.

서거나 앉을 때 혹은 걸을 때 자세가 좋지 않으면 첫인상이 흐려질 수 있다. 자세는 평소의 생활태도와 자신감을 표현하는 요소이기 때문에 첫인상을 결정하는 중요한 기준이 된다. 자신감을 나타내는 자세를 살펴보자.

1. 반듯하게 선 자세

등을 편 곧은 자세는 상대방에게 자신감을 전달하는 가장 효과적인 방법이다. 반듯한 자세를 취할수록 자신감이 생긴다. 선 자세의 기본은 가슴과 등을 곧게 펴고 시선은 정면을 향하는 것이다. 선 자세는 공식적인 발표 자리뿐 아니라 일상에서도 주의를 기울여야 한다.

- 발뒤꿈치에 체중을 실어 엉덩이와 허벅지 뒤까지 펴고 바로 서기
- 양쪽 견갑골이 만나도록 어깨 펴기
- 아랫배에 힘을 주고 얼굴과 몸을 수직으로 세워 서기

출근 전 전신거울 앞에서, 엘리베이터 안에서, 버스나 지하철을 기다리면서 이와 같이 몸을 바로 세우고 서는 연습을 수시로 하는 것이 좋다. 짧은 시간이지만 자신의 이미지와 분위기를 바꾸는 기회가 된다.

하버드대학교 경영대학원 에이미 커디 교수는 '파워 포징(power posing)' 이론에서 원더우먼 자세로 가슴을 내밀고 양손을 허리에 올리는 동작을 2분만 해주어도 중요한 면접이나 발표 시 자신감을 갖는 데 도움이 된다고 이야기한다. 바른 자세를 취할수록 자신감이 생기고 더 명확한 생각을 하면서 옳은 결정을 내릴 수 있다는 것은 많은 전문가의 공통된 의견이다.

2. 바르게 앉은 자세

앉은 자세에서 가장 주의할 점은 고개를 숙이지 않는 것이

다. 스마트폰과 컴퓨터 작업에 익숙한 현대인들은 거북목만 의식적으로 바로잡아도 자세가 교정될 수 있다. 성인의 머리 무게는 평균 5킬로그램 정도이다. 스마트폰을 보기 위해 고개를 45도 정도 숙이면 20~30킬로그램의 돌덩이를 머리에 이고 있는 것과 같은 모양새가 된다. 중요한 자리가 있을 때만큼은 '머리에 왕관을 쓰고 있다.'라는 생각으로 고개를 바로 세우도록 한다.

- 정수리부터 목과 어깨, 등 펴기
- 배에 힘을 주고 양쪽 엉덩이에 같은 무게 주고 앉기
- 턱은 지면과 수평으로 시선은 정면을 유지하기
- 두 발을 나란히 바닥에 두기

곧고 반듯한 자세를 가지면 활기찬 첫인상을 줄 수 있다는 사실은 의학적으로도 증명되었다. 경추를 통해 얼굴과 뇌로 혈액 순환이 잘되다 보니 안색이 홍조를 띠며 밝아지고 긍정적인 사고 또한 가능하기 때문이다. 오래 앉아도 몸을 곧게 세우고 좌우가 틀어지지 않도록 균형을 유지해야 한다. 무엇보다 까치발을 하거나 다리를 꼬지 않도록 한다. 두 발을 바닥에 나란히 바닥에 붙이고 있으면 상체를 제대로 가눌 수 있다.

3. 당당하게 걷는 자세

면접은 문을 열고 들어오는 순간부터 시작된다. 면접자의 걷는 모습도 평가의 대상이 된다는 이야기이다. 공식적인 자리에서나 발표를 위해 앞으로 걸어나올 때도 자신의 이미지를 표현하는 셈이다. 그러므로 발표나 면접이 끝나고 퇴장하는 순간까지 주의를 놓쳐서는 안 된다.

어깨를 축 늘어뜨리고 발을 질질 끌거나 머리를 숙이면 자신감과 활력이 부족해 보인다. 반면 어깨를 활짝 편 꼿꼿한 자세와 당당한 걸음걸이는 주변 사람들에게 긍정적인 메시지를 안겨준다.

- 발표할 때 보폭은 평소보다 10센티미터 크게 걷기
- 시선은 정면으로 향하고 여유로운 속도로 걷기
- 걸으면서 발표할 때는 네 발자국 이내로 걷기
- 아무도 없을 때도 바른 자세 유지하기

걷는 자세는 자신이 만들어낸 습관의 산물이다. 따라서 자신만이 고칠 수 있다. 모든 사람이 모델처럼 걸을 수는 없어도 목, 허리, 발목이 하나의 선으로 이루어지게 걷는 모습을 꾸준히 연습하면 당당하고 멋진 이미지를 만들 수 있다.

걷는 자세에 대해서는 특별히 신경 쓰기 어려운 것이 사실이다. 거울에 비치는 모습은 대부분 정지 상태여서 확인하기 어렵기 때문이다. 이로 인해 걷는 자세는 옷차림과 얼굴처럼 크게 관심을 주지 않는다. 하지만 언제 어디서, 누구든지 걷는 자세를 보고 나의 이미지를 판단할 수 있다. 오늘부터라도 자신의 걷는 자세에 관심을 가지고 교정을 시작해 보자.

04

좋은 말이
좋은 사람을 부른다

opportunity + job & work + tomorrow

●● 좋은 말은 좋은 마음에서 나온다

북아메리카에서 유일하게 문자를 가진 인디언 체르키족의 '늑대 이야기'는 자신의 내면, 즉 마음을 다스리는 방법에 대한 교훈을 담고 있다.

> 늙은 인디언 추장이 자기 손자에게 '마음속에서 일어나는 큰 싸움'에 관하여 이야기했다.
> "애야, 우리 모두의 마음속에는 큰 싸움이 일어나고 있단다. 두 늑대 간의 싸움이지. 한 마리는 악한 늑대인데, 그놈이 가진 것은 화, 질투, 슬픔, 후회, 탐욕, 거만, 자기 동정, 죄의식,

회한, 열등감, 거짓, 자만심, 우월감, 이기심이란다. 다른 한 마리는 좋은 늑대인데, 그가 가진 것은 기쁨, 평안, 사랑, 소망, 인내심, 평온함, 겸손, 친절, 동정심, 진실, 믿음이란다."
손자가 추장인 할아버지에게 묻는다.
"어떤 늑대가 이기나요?"
추장은 간단하게 답한다.
"네가 먹이를 주는 놈이 이기지."

어디에 중심을 두고 사느냐에 따라 마음이 달라진다는 의미일 것이다. 여기서 더 나아가 마음을 담은 말도 같은 맥락이다.

"마음의 생각을 조심해라. 그것이 너의 말이 된다. 그리고 말을 조심하라. 그것이 너의 행동이 된다."

말은 한 사람의 마음을 나타낸다. 좋은 말을 하고 싶으면 좋은 마음이 있어야 한다. 우화 속 이야기처럼 내가 좋은 늑대에게 먹이를 준다면 마음은 기쁨, 평안, 사랑, 소망, 인내심, 평온함, 겸손, 친절, 동정심, 진실, 믿음의 말이 담길 것이다.
말은 곧 그 사람의 마음이자 인격이다. 누군가의 따뜻한 마음이 따뜻한 말 한마디가 되어 돌아온다. 반면 생각 없이 내뱉은 말로 누군가의 마음에 상처를 내는 실수를 하기도 한다. 내 마음의 좋은 늑대를 키워야 하는 이유이다.

상대와 대화를 나누거나 메시지를 주고받을 때 우리는 무의식적으로 상대의 마음을 읽으려고 한다.

'왜 저런 말을 하지?'

'나한테 바라는 게 뭐지?'

말에 사람의 마음이 있다고 믿기 때문이다. 아무런 뜻이 없는 말은 없다. 말의 끝은 늘 마음과 닿아 있다. 좋은 생각을 하면 좋은 마음을 가지게 된다. 좋은 마음에서 비로소 좋은 말이 나온다는 것을 잊지 말아야 한다.

●●● 좋은 말은 좋은 사람을 연결한다

사람들은 관계 속에서 살아간다. 사람들 사이의 수많은 관계는 '말'을 통해 연결된다. 오가는 말은 서로의 마음과 몸을 움직이는 강력한 힘이 있다. 누군가에게 더 좋은 사람이 되고 싶은 마음, 더 잘하고 싶은 마음, 더 잘해 주고 싶은 마음은 사소한 말 한마디에서 시작된다. 작지만 큰 변화이다. 그 말 한마디는 긍정적으로 살아갈 수 있는 단단한 내면의 힘을 기르도록 도와준다.

우리는 수많은 관계 속에서 좋은 사람과 만나고 싶어 하고, 더불어 좋은 사람들이 늘 곁에 있기를 원한다. 좋은 사람의 기준은 모두가 다르다. 자신이 한 말을 지키는 사람, 다른 사람에게 짐이 되지 않는 사람, 배려심이 좋은 사람, 차별이 없는 사람, 더 나은 사람이 되려고 노력하는 사람, 상대방의 장점을 잘 알아차리는 사람, 다른 사람을 잘 격려하는 사람 등 각자 다르다. 다만 좋은 사람을 만나고 친해지기 위해서 나 또한 좋은 사람이 되어야 한다는 사실은 변하지 않는 진리이다.

좋은 사람이 되기 위해서는 말과 행동이 반듯해야 한다. 좋은 말과 함께 좋은 행동을 해야 하고, 말과 행동 또한 일치해야 한다.

"오늘도 좋은 하루되세요."
"당신의 으늘은 어땠나요?"
"당신의 내일은 오늘보다 더 멋질 거예요."
"수고했어, 오늘도."

따뜻한 말 한마디를 나누며 하루를 시작하고 마무리하면 우리의 일상도 조금씩 달라질 것이다. 이러한 말 한마디는 나와 내 주변에 있는 사람들의 하루를 조금씩 변화시킨다. 수줍게 전하는 따뜻한 말이 서로의 인생에 좋은 영향을 미칠 수 있다. 좋은 말 한마디로 좋은 사람이 되고 좋은 영향력이 된다. 좋은 말은 좋은 행동을 낳고 더불어 좋은 관계를 만든다. 서로의 마음에서 출발한 좋은 말들이 결국 서로에게 응원이 되고 함께 변화하는 힘이 될 것이다. 좋은 말은 좋은 사람을 연결하고 좋은 세상을 만든다. 오늘부터 좋은 말로 나의 주변부터 바꾸는 연습을 시작해 보자.

> One Point Lesson 1

면접을 소개팅처럼

면접은 합격의 마지막 관문이다. 최상의 컨디션으로 짧은 시간 안에 자신을 어필해야 한다. 그런 면에서 면접의 성공조건은 말하기에 있다고 해도 과언이 아니다. 그 사실을 알기에 면접 전부터 목소리는 떨리기 시작한다. 이러다 면접관 앞에서 말 한마디 하지 못하고 나오면 어쩌나 하는 불안감에 휩싸인다.

이럴 때는 면접을 소개팅처럼 생각해 보자. 첫눈에 반해서 사랑에 빠지는 경우는 흔치 않다. 따라서 알아갈수록 매력이 넘치는 지원자가 되어야 한다.

나만의 이야기를 들려주자

뻔하고 지루한 이야기는 아무도 좋아하지 않는다. 이 사람을 만난 시간이 아깝다는 생각이 들게 해서는 안 된다. 나의 스타일, 성격, 함께 일하는 사람들에 대한 가치관 등 남들과 다른 나만의 이야기를 해야 한다. 그 사람을 다시 한번 보고 싶은 매력은 외모가 아니라 대화에서 나온다.

면접에서 나는 하나의 상품이다

내가 베스트셀러가 되도록 매력을 드러내고 잘 팔리도록 해야 한다. 이럴 때는 겸손의 미덕을 보이지 말고 나를 어필하는 기회로 삼아야 한다. 마음에 드는 소개팅 대상자를 만나면 영혼까지 끌어 다시 만나고 싶은 마음을 전하지 않는가? 그만큼 뻔뻔해질 필요가 있다는 말이다. 내가 어떤 사람인지, 나랑 만나면 얼마나 재미있고 신나는 일이 있을지 알아듣기 쉽게 이야기해 보자. 누구나 갖고 싶어 하는 물건이 되고 싶다면 스스로 홍보를 열심히 해야 한다. '나를 뽑아주면 열심히 할게요.'가 아니라 '나를 뽑으면 당신이 행복해질 거예요.' 하는 마음으로 임하면 된다.

상대를 탐색하라

취업이 목적이라면 이 회사가 나와 어떤 점이 잘 맞고, 나에게 어떤 유익이 있는지 공부하는 것이 필요하다. 내가 저 회사에 잘 보여서 채용되어야지 하는 생각보다 저 회사와 내가 함께해도 좋을지 '밀당'을 하며 '썸'을 탈 시간이 필요하다. 너무 간절하면 면접에서 실패하기 쉽다. 소개팅에서도 간절하고 더 좋아하는 쪽은 얼굴과 몸짓, 말투에서 드러난다. 안달 난 사람처럼 보이면 매력이 떨어지는 것과 같은 원리이다. 일에 흥미를 지닌 사람과 그저 취업이 목적인 사람은 다르게 보일 것이다.

면접관을 두려워하지 마라

아무리 면접을 소개팅이라고 생각하려고 해도 면접관은 소개팅 대상보다 무섭다. 면접의 기회는 너무 감사하지만 막상 면접을 보러 가면 면접관이 두렵다. 임원급 면접이라면 더욱 그렇다. 긴장해서 몸은 경직되고 준비했던 말들도 잊어버린다. 상대를 두려워하면 상대의 기세에 제압당한다. 하지만 면접장에서 갑을 관계를 따질 수는 없다. 이곳은 엄연히 면접 자리이다. 그러므로 이들과의 첫 만남에서 내가 해야 할 역할만 잘 기억하면 된다. 사람은 누구나 자신에게 호의를 가진 사람을 본능적으로 느낀다.

모든 면접이 소개팅과 같을 수는 없다. 다만 면접이 서로를 알아보는 탐색의 자리라는 점에서 유사할 뿐이다. 면접은 일반적인 답변을 하지 않고 대화의 분위기를 매끄럽게 이어가는 것이 관건이다. 더 이상 두려운 마음으로 면접에 들어가지 말자. 면접에 대한 설렘과 기대를 가져보자.

> One Point Lesson 2

메라비언의 법칙을
잊지 마세요!

미국의 심리학자 앨버트 메라비언은 누군가와 첫 대면을 할 때 그 사람의 인상을 결정짓는 요소를 분석했다. 결과는 놀라웠다. 호감을 느끼거나 인상이 각인되는 결정적 요인은 말의 내용이 아니라 이미지였다. 목소리 38퍼센트, 표정 35퍼센트, 태도 20퍼센트, 몸짓 5퍼센트가 영향을 끼쳤지만, 말의 내용은 고작 7퍼센트밖에 영향을 미치지 않았다. 비언어적 요소가 93퍼센트라는 얘기이다. 특히 전화로 상담할 때는 목소리의 중요성이 82퍼센트로 올라갔다. 이것이 바로 현대사회의 커뮤니케이션과 마케팅, 협상에 공식화된 '메라비언의 법칙'이다.

앨버트 메라비언은 의사소통에서 '말의 내용'보다 말하는 사람의 표정이나 몸짓, 목소리, 태도 등 '비언어적 요소'가 그 사람의 평가나 인상을 결정짓는 데 차지하는 비율이 훨씬 더 크다고 강조한다. 그는 "행동의 소리가 말의 소리보다 크다."라는 유명한 명언을 탄생시키기도 했다.

만나면 이유 없이 기분이 좋아지는 사람이 있다. 반면 몇 마디 나누지 않았는데 거부감이 생기는 사람도 있다. 일상적인 대화를 나눠도 감동을 주는 사람이 있는가 하면 학식과 지식이 묻어나는 좋은 말을 해도 전혀 호감이 생기지 않는 사람도 있다. 그 차이는 말하는 모습에서 비롯될 수 있다. 말하는 사람이 상대를 바라보는 눈빛과 표정, 목소리와 태도에서 차이가 날 수 있다.

같은 말이라도 말투와 태도에 따라 반응이 엇갈린다. 회사에서 점심 식사를 같이할 때도 웃는 얼굴로 "식사하러 가요!"라는 말을 들으면 이미 같이 가면 즐거울 것 같다는 기대가 생길 것이다. 반면 굳은 표정으로 "식사하러 가요."라는 말을 들으면 휴식 같은 점심마저 업무의 연장으로 느껴질 것이다. 이처럼 이야기를 나눌 때 표정이나 목소리 등 비언어적 요소는 대화의 내용만큼 매우 중요하게 작용한다.

깊은 생각
웃는 얼굴
다정한 목소리
따뜻한 눈빛
배려가 담긴 손짓
마음을 울리는 좋은 말

  말은 입으로만 전해지지 않는다. 따뜻한 마음과 기분 좋은 행동이 동반되어야 한다. 오늘 내가 하는 모든 말이 나의 아름다운 '내일(tomorrow)'과 즐거운 내 '일(job)'을 만든다. 좋은 사람들과 매일 행복한 대화를 나누어보자. 나의 온 정성을 다해서.

> Epilogue

말, 결국 하면 된다

지금까지 아나운서로서 말이 주는 힘, 말을 잘하는 법, 말을 통해 자신을 변화시키는 기술에 대해 기록해 보았다. 이 책의 마지막 장을 넘기는 독자들의 마음에 꼭 남았으면 하는 것이 있다. 바로 자신감이다.

내 말도 바꿀 수 있다.
말이 바뀌면 나도 달라질 수 있다.
나도 말을 잘한다는 소리를 들을 수 있다.
오늘부터 말 연습을 시작하겠다.
나도 프로처럼 멋있게 말할 수 있다.

이는 내가 독자에게 전하고자 하는 메시지임과 동시에 책을 쓰는 동안 발견한 나의 쓰임새였다. 나는 나름대로 성공한 아나운서라고 생각한다. 얼굴이 잘 알려진 것도, 대중의 인기를 얻은 것도 아니지만 '내가 생각한 대로, 내가 말한 대로' 꿈을 이뤘기 때문이다. 지금까지 내가 만들어온 경험과 커리어는 어느 것 하나 버릴 게 없다. 좌충우돌 유학 시절, 취업을 준비하던 혹한기, 작은 아르바이트의 연속, 큰일에 치여 살던 회사생활 중에서도 마음속의 꿈을 말로 꺼내놓기 전까지 아무것도 장담하지 못했다.

"내가 그의 이름을 불러주었을 때 그는 나에게로 와서 꽃이 되었다."라는 시인 김춘수의 시구처럼 우리의 꿈도 말로 꺼내놓고 꿈을 다듬어가며 자신을 다독이고 다른 사람들과 소통할 때 비로소 현실이 된다. 노력이 기회가 되고, 기회는 다시 도전이 되고, 도전을 통해 성장할 수 있다.

이 책에는 나의 도전뿐 아니라 나에게 좋은 영향력이 되어준 멘토와 멘티, 선배와 후배의 스토리도 담았다. 이들의 이야기 속에서 '말을 잘한다는 것'이 한 사람의 인생을 어떻게 바꾸어놓는지 느낄 수 있을 것이다. 말은 생각이 되고, 행동이 되고, 습관이 된다. 무엇보다 사람의 가치관을 바꾸고 운명을 바꾸기도 한다.

내가 하는 말 한마디가 나의 운명을 어떻게 바꿔놓을지 아무도 알지 못한다. 자신에게 명확한 꿈이 있고, 그 꿈을 이루기 위한 간절함이 있고, 목표에 도달했을 때 성취감을 느낄 수 있다면 그 일이 무엇이든 성공할 수 있다. 꿈을 아직 발견하지 못했다고 해서 실망할 필요는 없다. 현재 주어진 일을 하나하나 이루어가며 작은 경험을 모아 더 큰 목표를 만들어낼 수 있다.

책을 쓴다는 꿈을 이루기까지 도움을 준 고마운 분들이 많다. 책을 쓰는 동안 큰 힘이 되어준 가족, 조언을 아끼지 않은 방송국 선후배들, 좋은 책을 쓰고 싶다는 마음을 다잡게 해준 많은 수강생에게 감사의 뜻을 전한다.

책을 쓸 수 있는 용기와 격려를 아끼지 않은 위북 출판사 관계자들에게도 덕분이라 말하고 싶다.

끝으로 이 책이 지금보다 조금 더 말을 잘하고 싶은 모든 이에게 작은 도움이 되길 바란다.

opportunity + jcb & work + tomorrow

잘되는 사람의 말

초판 1쇄 발행 2024년 3월 14일

지은이 양혜선

펴낸곳 위북/weebook
펴낸이 배진경
편집 장미
디자인 Design IF
제작처 북크림

출판등록 2022년 5월 20일 제2022-000050호
주소 경기도 성남시 분당구 성남대로331번길8 킨스타워 901호
홈페이지 www.weebook.co.kr
이메일 team_weebook@naver.com
블로그 blog.naver.com/team_weebook
ISBN 979-11-980939-4-3 03190

* 이 책은 저작권법에 의하여 보호를 받는 저작물이므로 무단 전재와 복제를 금합니다.
* 책값은 뒤표지에 있습니다.
* 파본은 구입하신 서점에서 교환해 드립니다.